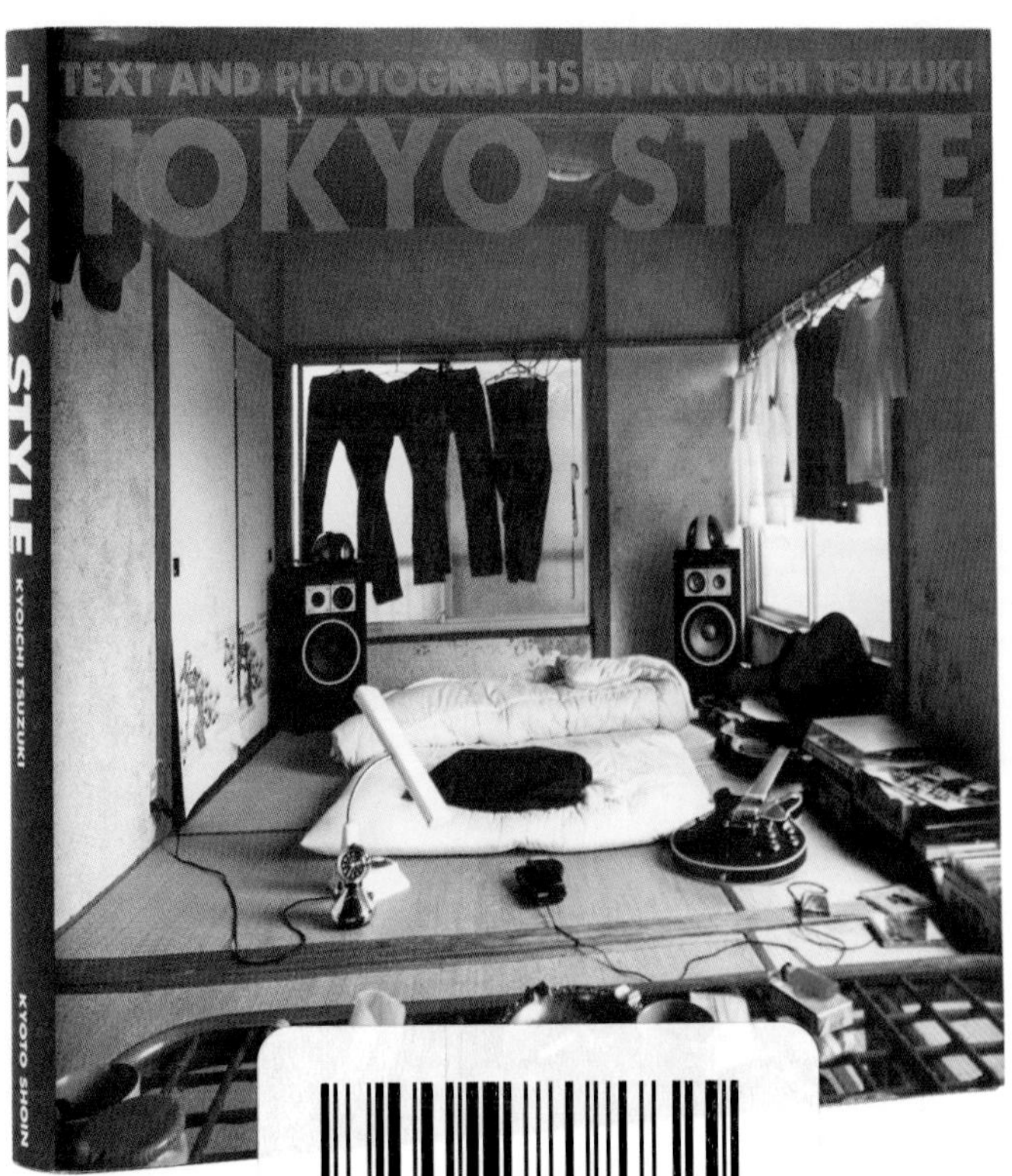

p.82 『TOKYO STYLE』

above: A tiny sink. The glass case is from an old doctor's office by way of a second-hand store.
below: The entryway. No shoes here—they're left at the main entrance—this is an old-style slippers-only building.

上：小さな流しがついている。古道具屋で見つけた医療用ガラス戸棚を食器入れに使用。
下：入口。ただし靴はここでなく建物の入口で脱ぐ昔ながらのスタイル。

ROCK 'N' STOCK CHOCK-A-BLOCK

A young woman, a music enthusiast who part-times in a bar, lives alone in this three-*tatami*-mat one-room, overflowing with clothes and fashion accessories and cassettes. The old wood-and-plaster apartment has no private bath and only a share-toilet, but she's friends with everyone on her floor. Some drop by the bar where she works every night, so there's a comfortable, somehow communal atmosphere here. All residents take their meals in the apartment with the largest kitchen and use the sunniest apartment for their sunroom. Very easy-going.

三畳間のロック・ラウンジ：音楽が好きで、バーで働きながら三畳ひと間の小さな部屋を借りてひとりで暮らす少女。狭い空間は大好きな洋服やカセットテープやアクセサリーで溢れている。古い木造のアパートで風呂なし、トイレ共同という物件だが、同じ階に部屋を借りている全員が友人同士。毎晩のように彼女の働くバーで顔を合わせるメンバーでもあり、アパートはさながら小さなコミューンといった気楽な雰囲気に満ちている。いちばんキッチンの大きい部屋でみんなで食事をし、陽当たりのいい部屋はサンルームに、といった具合で居心地よきことこのうえなし。

above: Wide-angle from the entryway. Plenty of sunlight, but there's obstructions to the view.
right: With so much clothes space above the bed, who needs a dresser?

上：入口から部屋の内部を見る。陽当たりはよいのだが、窓の前に障害物が多い。
右：ベッドの上にはたくさんの洋服コレクションがこのとおり。これなら洋服箪笥はいらない。

p.82 『TOKYO STYLE』

『TOKYO STYLE』

p.72 『ArT RANDOM』シリーズ

『ArT RANDOM』シリーズ p.72

ARMAN
Ian Walton
Russell Mills
Eugène Leroy
Patrick Ireland
Peter Cook
Conversations
Joaquim Rodrigo
Corrado Levi
Paula Rego
Brian Clarke
Georges Rousse
Leon Golub
François Boisrond
Ceramic Art : 7 Individuals
Kyuyoh Ishikawa
Cindy Sherman
Chema Cobo
Martin Disler
Mimmo Paladino
New British Graphic Designers
Philippe Cognée

『ArT RANDOM』シリーズ p.72

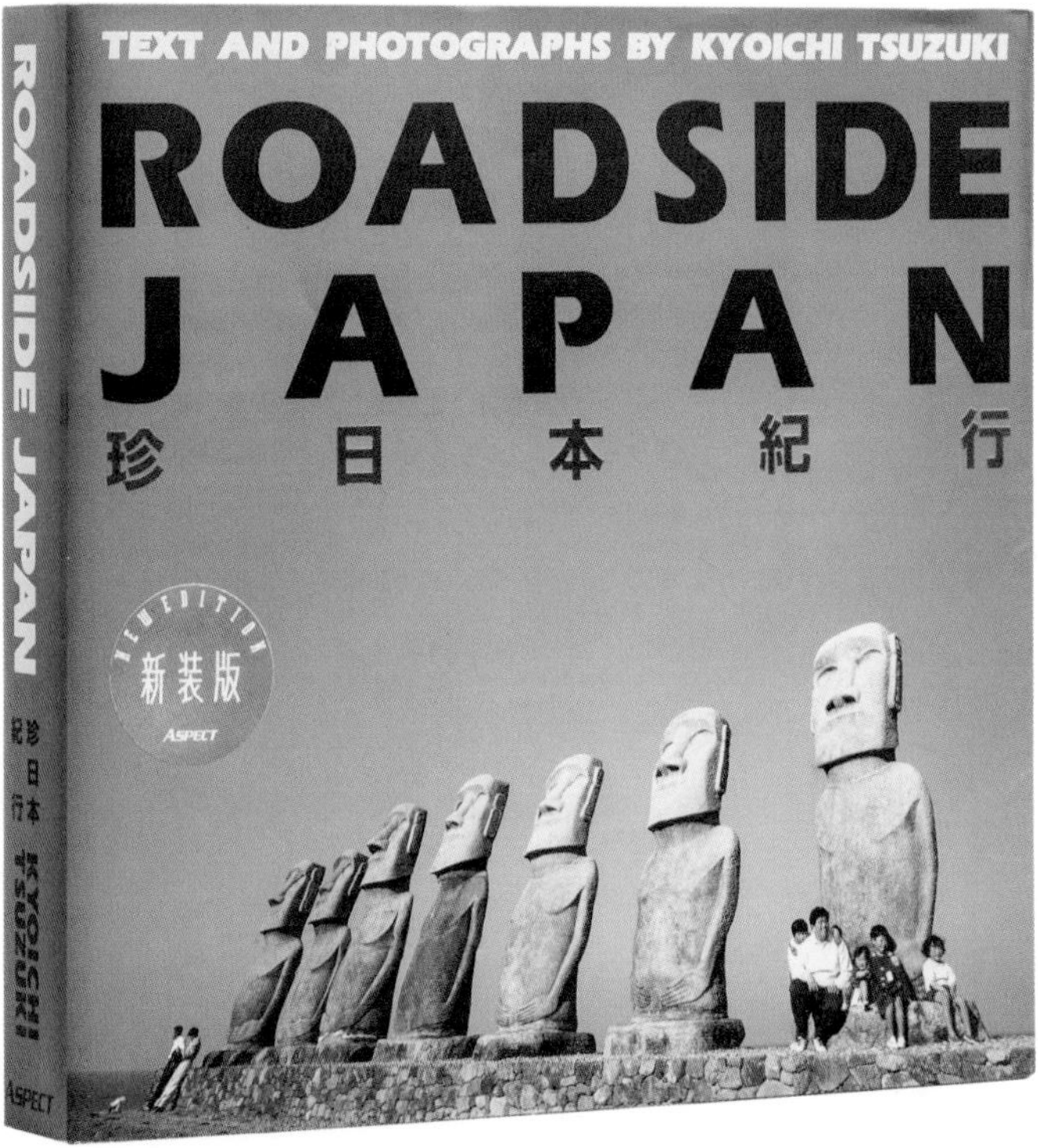

『ROADSIDE JAPAN 珍日本紀行』

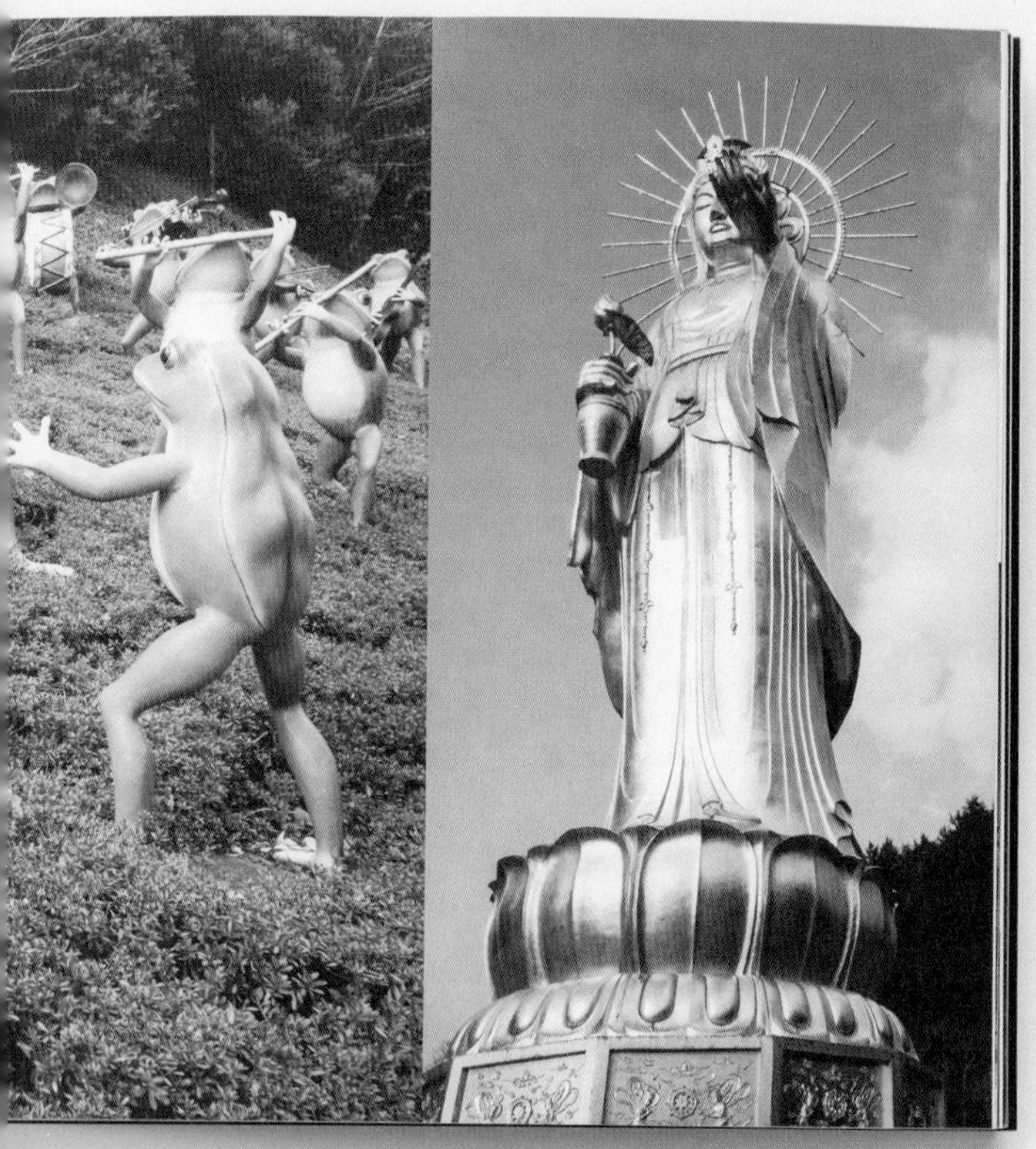

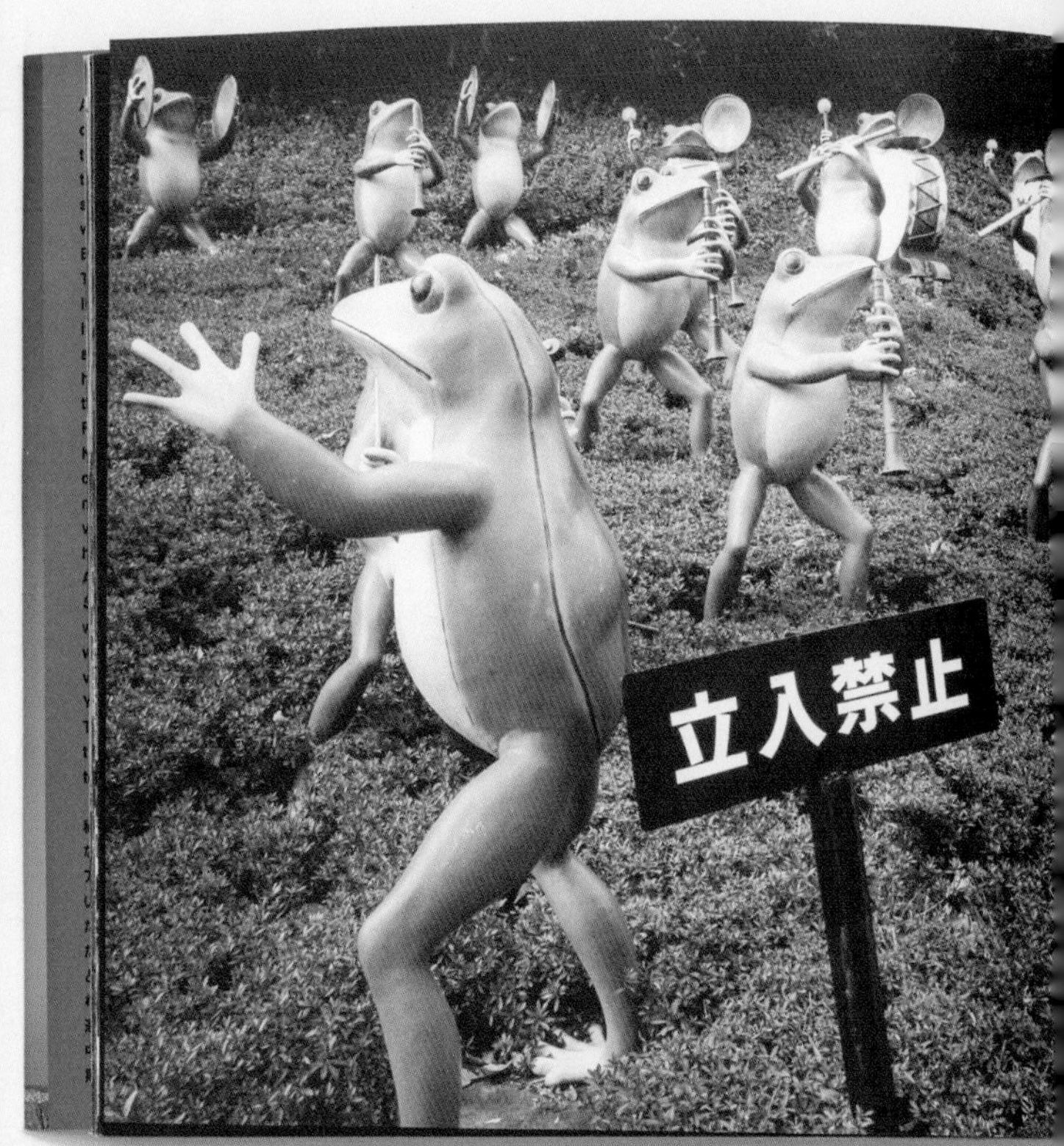

p.97 『ROADSIDE JAPAN 珍日本紀行』

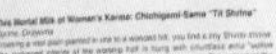

『ROADSIDE JAPAN 珍日本紀行』

ROADSIDE EUROPE
珍世界紀行
都築響一
珍世界
ROADSIDE
EUROPE
KYOICHI TSUZUKI
紀行
ヨーロッパ編
都築響一
筑摩書房

『ROADSIDE EUROPE 珍世界紀行 ヨーロッパ編』

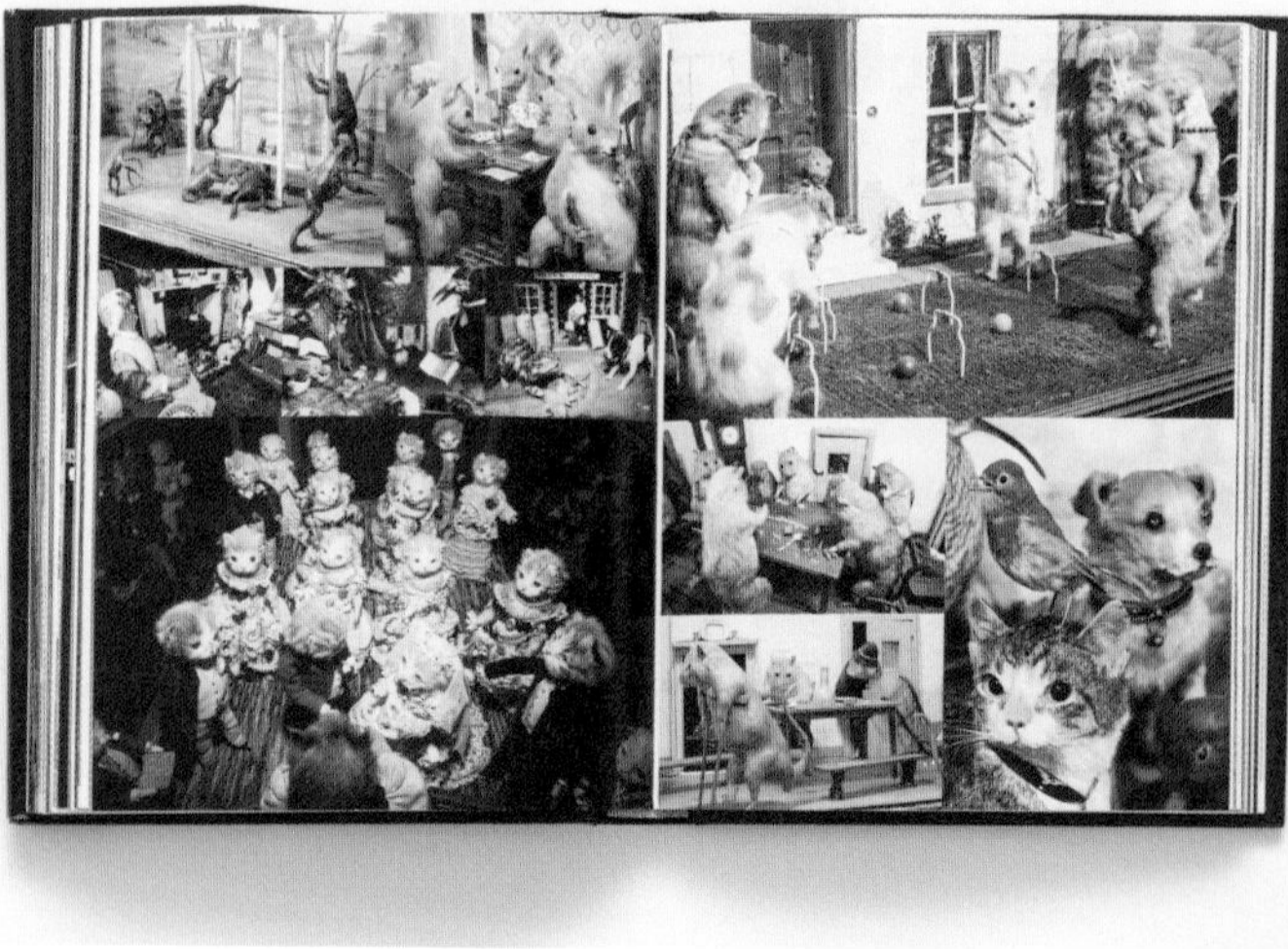

『ROADSIDE EUROPE 珍世界紀行 ヨーロッパ編』 p.107

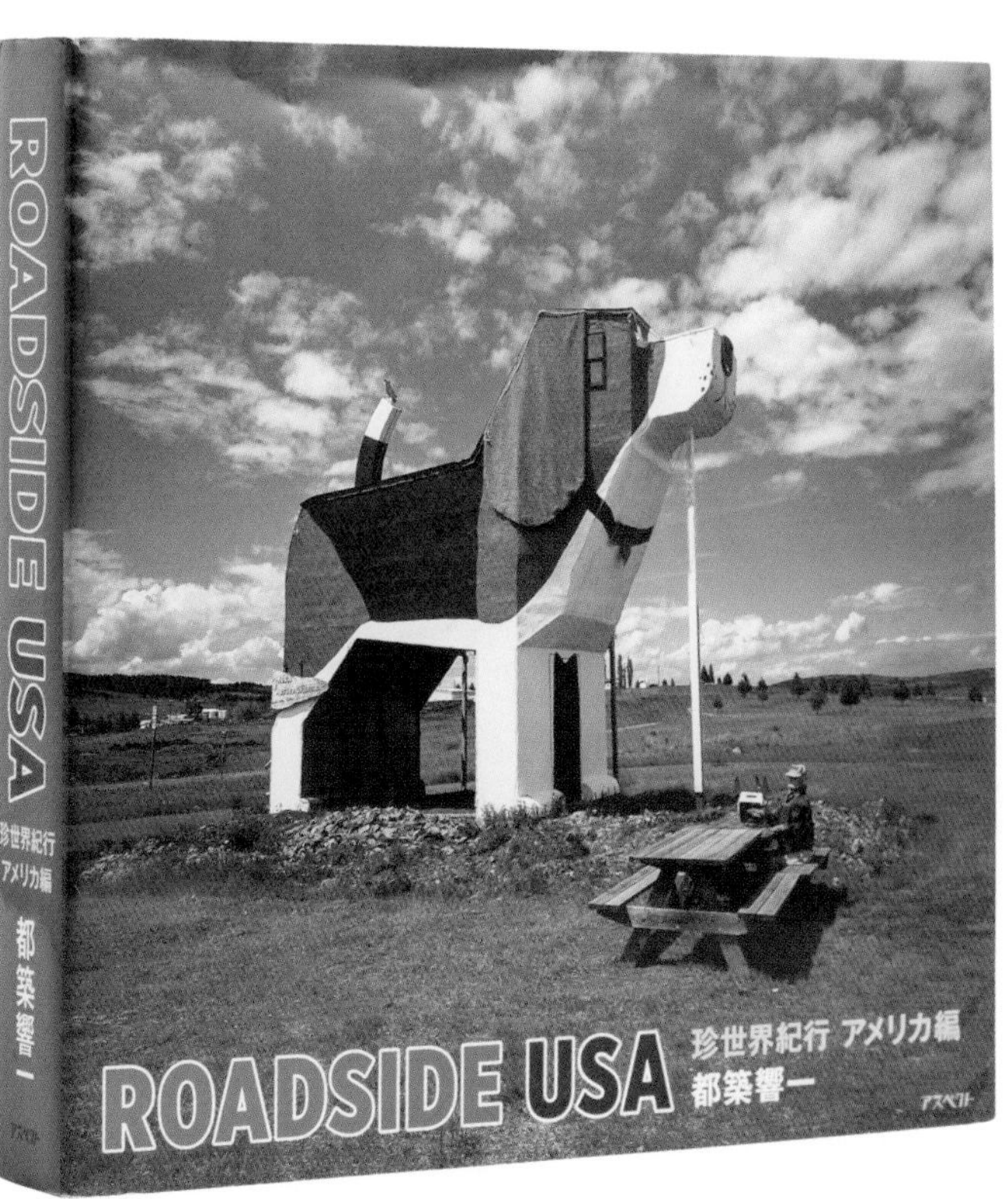

p.123 『ROADSIDE USA 珍世界紀行 アメリカ編』

…ng Lot Shipwreck Pittsfield, Massachusetts　**コンクリートの荒波にいまにも沈みゆく難破船**

…ク音楽ファンにはおなじみ、小澤征爾が君臨するニューイング…の夏の知的社交場、タングルウッドにほど近い、ピッツフィール…小さな町。あとわずかでニューヨーク州とヴァーモント州の州…る、マサチューセッツ西端に近いエリアである。ピッツフィー…を出てすぐ、幹線道路脇のショッピングセンター駐車場の地面…にやら異様な物体が突き出している。クルマをまわして近づいてみると、それは船の舳先だった。《駐車場の難破船》と呼ばれているこの巨大なオブジェ、ダスティン・シューラーというアーティストが、1990年に制作した、現代美術作品である。

（シービー（海蜂））と船名が刻まれた舳先は、なるほどだだっ広いショッピングセンター駐車場の、クルマの海というかコンクリートの海に、いままさに沈没しかかっているようにも見える。日常見なれた物体を、異常な状況に置くことによってひとびとの常識に揺さぶりをかけるのが得意なこのアーティスト、ほかにもシカゴにある、串刺しにされてシシカバブのように見えるクルマの作品が有名（左ページ参照）。しかしなぜ、よりによってこんな田舎町のショッピングセンターを選んだのかは不明。ま、手入れ不足で亀裂が走り、波打つコンクリートが、いかにも荒波という風情ではあるが。

※2002年取材

Cermak Plaza Berwyn, Illinois　現代美術館と化したシカゴ郊外のショッピングモール

ショッピングモールと現代美術というのはかなり奇妙な組み合わせに聞こえるが、シカゴ郊外のバーウィンにある、いささかくたびれた感じのショッピングモール〈サーマック・プラザ〉は、おそらくシカゴでいちばん有名な屋外インスタレーション・アートが観賞できる現代美術ギャラリーでもある。

だだっ広い駐車場の真ん中にそびえるのは、巨大な釘に串刺しになった8台の自動車。「スピンドル」と名づけられた、カリフォルニアのアーティスト、ダスティン・シューラーの作品だ。1950年代にモールを創立したデヴィッド・バーマントが現代美術のコレクターでもあったことから、この「ショッピングとアートの結合」が実現したわけだが、もともとこの地域はブルーカラーの労働者が多く住む、保守的な土地柄。ゆえにバーマントの刺激的なコレクションには、賞賛よりも非難の声が巻き起こったという。

ちなみに「スピンドル」は1989年に7万5000ドルでコミッションされたそうだが、ほかにもプラザには20近くの作品が散りばめら
いて、無愛想な郊外風景にポップな彩りを添えている。

それにしても、いま見てみればアメリカのサバービア文化の象徴
いえるショッピングモールと、ポップな現代美術作品がいかにマッ
ることか。アーティストたちに制作を依頼したモールの経営者がそ
で読んでいたとしたら、たいしたものだ。

p.123 『ROADSIDE USA 珍世界紀行 アメリカ編』

ASPECT
edited by KYOICHI TSUZUKI
lanet
MAO
文化大革命のグラフィック・パワー

新装版
ASPECT
edited by KYOICHI TSUZUKI
Frozen
BEAUTIES
日本映画黄金時代のスティル・フォトグラフィ

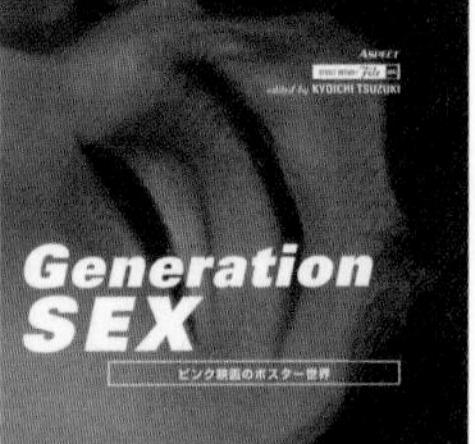

Instant
FUTURE
大阪万博、あるいは1970年の白日夢

『STREET DESIGN File』シリーズ p.129

edited by KYOICHI TSUZUKI
Satellite of
LOVE
Cruising
KINGDOM
Rock'n'Roll
CATS
Souvenirs
HELL

edited by KYOICHI TSUZUKI
Dancing
SKELETON
Portable
ECSTASY

SUBMARINE
Techno
SCULPTURE
ゲームセンター美術館

Spaghetti
EROTICO

鏡に囲まれた空間を、2体の回転木馬が回りつづける
Twin merry-go-rounds in a room of mirrors.

My Friend

『STREET DESIGN File 17 Satellite of LOVE ラブホテル・消えゆく愛の空間学』より

東京右半分
都築響一
2012年、東京右傾化宣言
ふんどしパブに女装図書館、パンダの剝製に地元プロレスに、
昭和キャバレーに健康ランドに極道ジャージにラブドール……
85の物語と108のキャラクターでつづる、右曲がりの東京見聞録！
筑摩書房　定価（本体価格6000円＋税）

『東京右半分』 p.172

葛飾区にあるオリエント工業の工場。ここはシリコン製の素体をつくるコーナー

『HAPPY VICTIMS 着倒れ方丈記』 p.189

フェトウス

F ö t u s

他人の目を気にしないツワモノが多い新宿界隈でも、ちょっと目立つ彼、実は特殊メイクの学校に通う、若冠22歳のシャイな青年である。瀬戸内海は因島に生まれ育ち、子供のころから「メンズより種類が豊富で、デザインもかわいいレディスの服を着ていた」お洒落さんだが、16歳のときに福山のセレクトショップで、Fötus（フェトウス）と運命の出会い。『フィフス・エレメント』に出てきそうなサイバー感覚に衝撃を受け、以来「フェトウス以外ほとんど着ない」という一途な着倒れ街道を爆走中である。美大卒業後、専門学校に通いながらフルにバイトして（原宿の洋服屋店員）購入資金を稼ぎ、新宿や原宿の店はもちろん、可能なかぎり全国のショップを定期的に回遊、各地のショップスタッフともお友達状態だ。住まいは「ここも新宿?」と絶句するような、パークハイアット・ホテルそばの古色蒼然たるアパートで家賃節約、夜遊びにもほとんど行かない。いまや6年間の努力で250～300着ものコレクションを誇る彼だが、唯一の悩みはクリーニング代。家で洗濯ができない素材が多い上に、特殊料金まで取られてしまうのだ。ちなみにオリジナリティあふれるヘアスタイルは、原宿の美容院で「3人がかりで12時間」かけて完成させる力作。寝るときはどうするの、と聞いたら、「テンピュール枕でうつ伏せに寝てますけど、意外に窒息しません」だって。あ、当然パジャマもフェトウスのシャツとジャージだそうです。

Shinjuku is no place for quiet people and even here he stands out, yet really he's a shy 22 year old. Born and raised on a small island in the Inland Sea, he's been fashion-conscious since childhood, "wearing ladies' wear because it had more variety and cute designs than men's." Then, at age sixteen, he first encountered Fötus at a boutique in Fukuyama and was struck by the "cyber sensibility" like something straight out of the *Fifth Element*. Ever since then he's "worn almost nothing else but Fötus," making fast tracks on the fashion victim expressway. After graduating from art school, he went on to a technical academy while fully using his pay from part-timing at a clothing store in Harajuku to make cyclical visits to Fötus Tokyo shops in Shinjuku and Harajuku (of course!) as well as to as many other branches around the country as possible, so he's on good terms with Fötus staff all over Japan. Living in a faded bargain-rent apartment in the shadow of the Park Hyatt Hotel, hardly ever stepping out at night, he prides himself on having pulled together a collection of some 250 to 300 outfits these past six years. His only headache is the dry cleaning bill. Not only can't most of the fabrics be washed at home, they generally require extra-charge special treatments. And just in case you were wondering, his highly original hairstyle took "three people working twelve hours" to achieve at a Harajuku salon. Asked what he does with it when he sleeps, he says, "I sleep on my stomach with a Tempur pillow – amazing I don't suffocate." Though his pajamas are a Fötus shirt and jersey, of course!

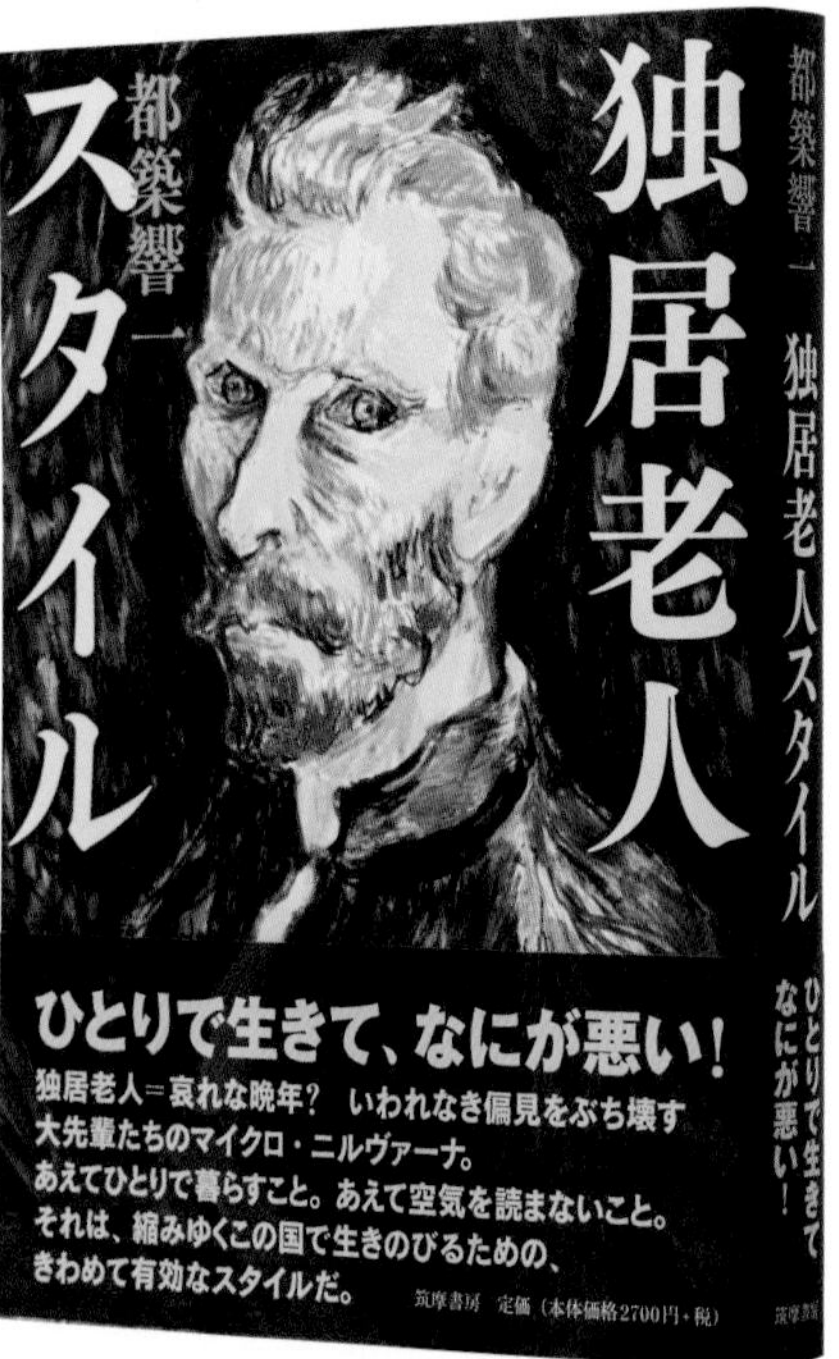

『独居老人スタイル』『珍日本超老伝』『性豪 安田老人回想録』 p.198

『天国は水割りの味がする 東京スナック魅酒乱』『演歌よ今夜も有難う 知られざるインディーズ演歌の世界』『東京スナック飲みある記 ママさんボトル入ります!』

「ROADSIDE LIBRARY」シリーズ「vol.005 都築響一presents 渋谷残酷劇場」 p.259

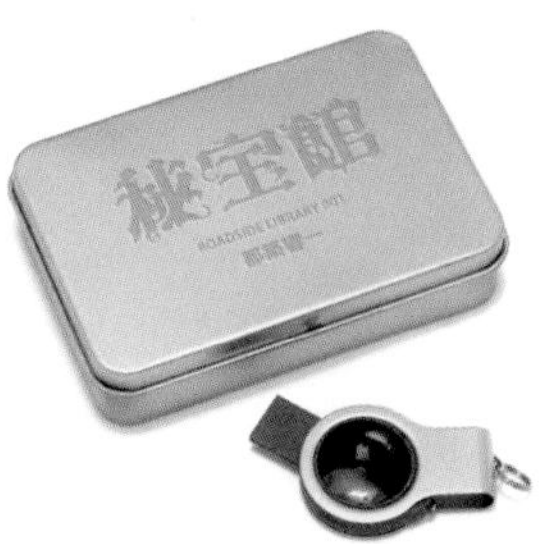

「ROADSIDE LIBRARY」シリーズ
「vol.004 TOKYO STYLE」「vol.002 LOVE HOTEL」「vol.001 秘宝館」

『捨てられないＴシャツ』『IDOL STYLE』

p.261

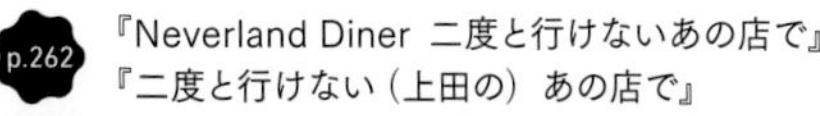

p.262
『Neverland Diner　二度と行けないあの店で』
『二度と行けない（上田の）あの店で』

『ローカル・ネバダイ』 p.264

ちくま文庫

圏外編集者

都築響一

筑摩書房

圏外編集者

都築響一

筑摩書房

はじめに

編集者という仕事についたのは、ほんとうに偶然だった。

20歳になるかならないかのころ、創刊されたばかりの『POPEYE』誌にアメリカのスケートボードの記事が載っていて、友人たちとスケボーで遊んでいた僕は「あれ、どこで買えるんですか?」みたいな葉書を送り、それから編集部とのやりとりが始まって、夏休みに「いいバイトないですか?」「じゃあうちでやれば」という軽いノリで出入りするようになって、いつのまにかバイトが本業になって、学校にはろくに行かないようになって、気がついたら「フリーの編集者」ということになっていた。それが僕の40年間だ(2022年の現在では編集歴46年になってしまった)。

この40年間、一度も「勤め」ということをしたことがないし、給料というものをもらったことがないし、だいいちバイトだったのがドサクサに紛れて原稿を書くようになっただけで、写真もプロに頼む予算がないから自分でカメラを買って撮るようになっただけで、トレーニングというものを受けたことがない。原稿の書き方も、取材のやり方も、写真の撮り方も習ったことがない。ぜんぶ、見よう見まね。だから自分の仕事が独創的かどうかはわからないが、独学であることだけは確かだ。

そういう人間に、なにかを教えるなんてことができるわけがない。自分だって教えてもらわなかったのだし。

この本に具体的な「編集術」とかを期待されたら、それはハズレである。世の中にはよく「エディター講座」みたいなのがあって、そこでカネを稼いでるひとや、カネを浪費してるひとがいるけれど、あんなのはぜんぶ無駄だ。編集に「術」なんてない。

これまでこういう本を頼まれたことは何度かあって、申し訳ないけどすべてお断りしてきたのは、ノウハウを秘密にしたいからではなく、ノウハウなんて存在しないからにすぎない。でも、今回こういうふうにかたちになったのは、ひとつは「聞き書きでもいいですから！」という担当編集者の驚異的な粘りに押し出されたこともあるが、もうひとつはいまの雑誌の、つまり編集者の質の低下を見ているのが苦しくてたまらないからだ。

ずっとフリーでいるということは、自分以外のすべての編集者は同志ではなく、ライバルということだ。だから編集者の知り合いはたくさんいるけれど、ほんとうの親友はひとりもいない。

ライバルは潰れてくれてしまったほうがいいのだろうが、毎週毎月、発売日が待ち遠しい雑誌が一冊もなくなってしまった現実は、喜んでいるわけにいかない。

ご承知のように出版業界は冬の時代からちっとも春を迎えないまま、雑誌はどんどん数を減らし、部数を減らし、ページを減らし、増えているのは広告だけ。その現状を業界人は「若者が本を読まなくなったせい」「携帯代が高いせい」「営業の意見が優先されるせい」「会社の利益至上主義のせい」とか、いろいろなもののせいにする。シャッター商店街がイオンタウンを、町の古本屋がブックオフを、自分たちの商売不振の言い訳にするように。

でも、けっきょくそれは編集者のせいだ。「ケネディを殺したのはお前や俺だ」とミック・ジャガーが歌ったのは1968年だったが、それから半世紀近くたったいま、出版を殺しているのはその作り手である僕ら編集者だ。

時代がこうだから、不況がこうだから、上司がこうだからと言うのは簡単だけれど、いまよりはるかに厳しい時代に、宮武外骨は不敬罪で22歳にして禁錮3年の実刑判決、筆禍による入獄4回、罰金刑15回、発行停止・発売禁止14回を重ねながらベストセラー雑誌を作っていたのだし、何十年も前からずっと新宿駅西口の同じ場所で、「私の詩集買ってください」という札を下げて毎晩立ち続けているひとがいるのだし、風俗で稼いだカネで作品集を自費出版している子だっている。そういうのを高給取りの出版人はバカにするだろうが、からだを売るのと、こころを売るのと、どっちが人間として恥ずべきことなのか。

出版というメディアは終わっているのだろうか。僕はそうは思わない。終わっているのは出版業界だ。

だからこの本は「売れる企画を作る」のにも「取材をうまくすすめるコツ」にも、まして「有名出版社に入る」のにも、ぜったい役立たない。がんばればがんばるほど業界から遠ざかってしまった僕のように、むしろ自分が人生を懸けてもいいと思える本を作ることが、そのまま出版業界から弾き出されていくことにほかならない2015年の日本の現実を、「マスコミ志望の就活」とかに大切な人生の一時期を浪費している学生たちに知ってほしいだけだ。給料もらって上司の悪口言いながら経費で飲んでる現役編集者たちに、出口を見せてあげたいだけだ。

来年で60歳になる。若いころに出版社に就職していたら、いまごろは重役ぐらいになれていたかもしれないけれど、現実は取材お願いの電話をかけて軽く断られたり、子ども以上に年の離れた若いアーティストに敬語でインタビューしたり、遠くに取材に行く交通費に悩んだりする毎日だ。編集者になりたてだった40年前とまったく変わってないどころか、苦労は確実に増えている。体力と収入は低下するいっぽうなのに。

でも、いい。毎月の振り込みよりも、毎日のドキドキのほうが大切だから。そして編集者でいることの数少ない幸せは、出身校も経歴も肩書も年齢も収入もまったく関係ない、好奇心と体力と人間性だけが結果に結びつく、めったにない仕事ということにあるのだから。

第1章

本作りって、なにから始めればいいでしょう？

知らないからできること

取材して、本を作る。そこでまずなにから始めたらいいか……ねぇ（笑）。全体の構成やコンセプトを考えること？　上司や著者に企画書を書くこと？「編集者の手引き」みたいな本にも、そう書いてあるよね、たぶん。読んだことないからわからないけど。

でも、僕は本を作るのに事前の計画って立てたことがない。企画書もほとんど書いたことがない。おもしろそうだと感じたら、まずは取材を始めてしまう。作る前から本の内容すべてを決めてしまうのは、パッケージツアーに参加するのと一緒でしょ。ただ決められた行程をなぞっていくだけで、達成感はあるかもしれないけれど、得るものも、おもしろ味もあとに残りはしない。

それに、すんなり計画が立てられるということは、だれかが先に調べた情報があるということ。その時点で、その企画は新しくないわけ。検索でたくさんヒットするというのは、僕にとってはすでに「負け」だから。

たとえばだれも行ったことがない場所に行くとしたら、当然計画は立てられないし、先も見えない。不安だし、ハプニングが起こるかもしれない。だからこそ、だれも見たことがないものを目にすることができる。それがだれの真似でもない旅になる。

だれにも発見されていない、新しいものが見たい。だからまずは飛び込んでみるってこと。

指があれば本はできる

本を作る上で重要なのは、技術じゃなくて、この本を作りたいという思いの強さだけだ。

1990年代はじめのころ、出版業界で世界最大の見本市と言われているフランクフルト・ブックフェアに通ったことがある。世界中から出版社や取次業者が集まってきて、そこでは毎年テーマを決めた展覧会も開かれていて、ある年はソヴィエト時代の地下出版物の展示が行われていた。当時はソ連が解体した直後だったので、厳しい統制の下にあったソ連時代に秘密裏に流通していた、「サミスダート」と呼ばれる地下出版物を集めた展覧会だった。

そういう「地下出版物」にも上下関係があって、展示場のいちばんいい場所は反体制の政治的な雑誌や、発禁の現代文学とかが占めているなかで、いちばん隅っこの柱の陰に、ほかと明らかに雰囲気がちがう汚い革ジャンの太ったロシア人が自作本を並べて、ヒマそうにしてた。

彼はロック系の地下出版物をいろいろ持ってきていて、いかにも手作りふうの一冊がおもしろそうで「これいくら?」と聞いたら、「限定5部だから売れない」とか言う。たしかモスクワ・ローリングストーンズ・ファンクラブの会報とか言っていて、限定なんてロックっぽくないなと思ったら、そうじゃなかった。

当時のロシアは印刷機やパソコンどころか、コピー機すら1枚ごとに上司に許可を取らないと自由に使えない、という状況だったらしいので、簡単に自費出版なんてとんでもないわけ。で、そいつは手動のタイプライターに紙

モスクワの手作りロック・マガジン

を挟んで、それにカーボン紙を挟んで、また紙を……という具合に紙とカーボン紙を重ねていって、原稿を打つと。指に力を込めて打てば、5部まではなんとかいけるんだ、とか平然と説明されて、僕はなんと言っていいのかわからなくなった。

　けっきょくその本は諦めて、これなら売ってもいいというのを買ったけれど、それはやっぱりタイプで打った原稿を、写真で撮って、それをプリントしたのをホチキスで留めてるだけだった。もちろん印刷みたいに読みやすくはないけど、でも読める。読もうと思えば。

　自分がどうしても読みたいけれど、その本が世の中には存在しない。かといって、だれかを説得して作ってもらう能力や財力

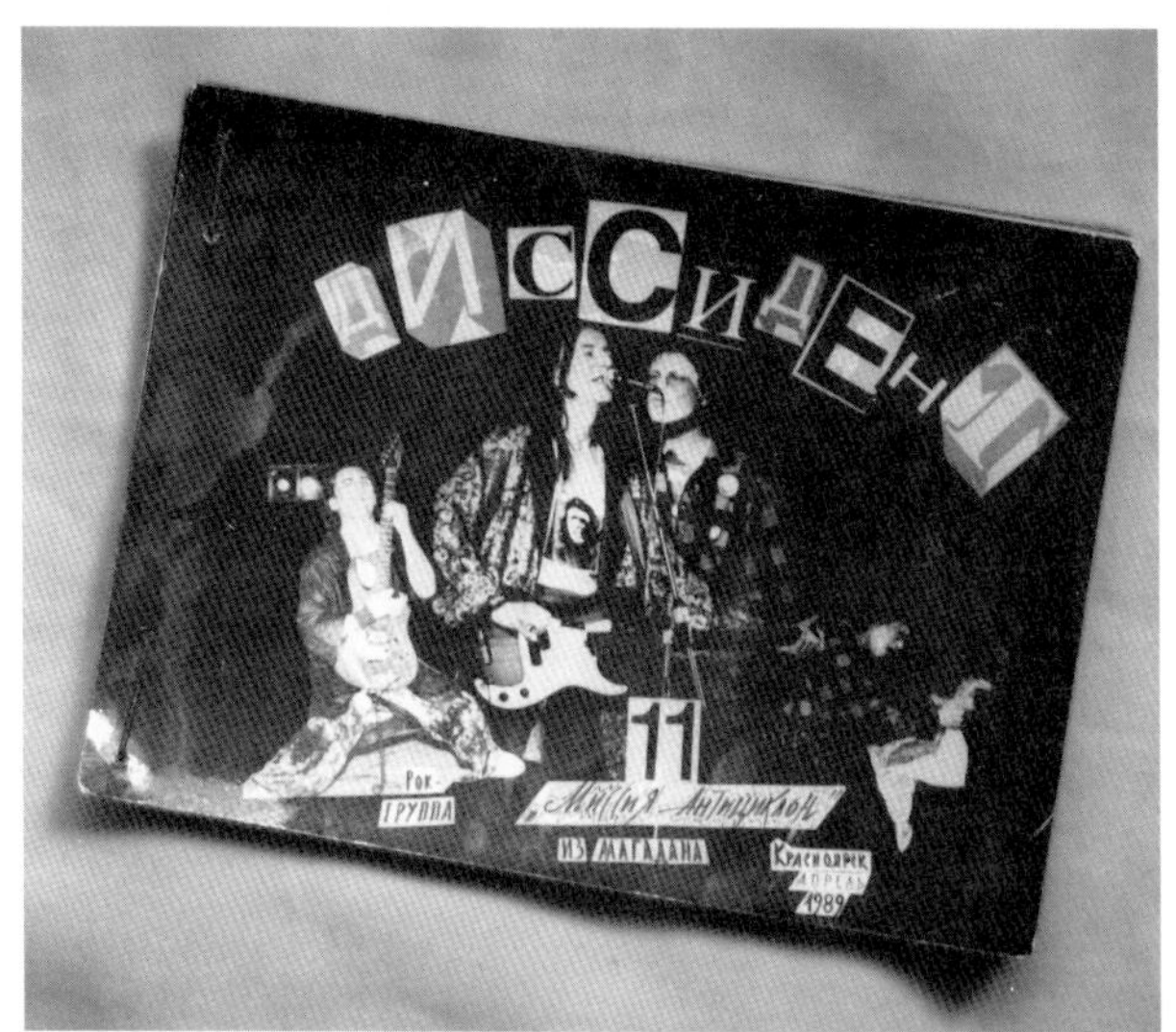

は持っていない。でも、意欲だけはだれよりもある。この強い意志が、タイプを叩く力になって『モスクワ・ローリングストーンズ・ファンクラブ会報』は世に生まれた。当時、オシャレなデザイナーたちは「Mac のレイアウトソフトは文字組みがどうの」とか「やっぱり活版が」とか、ごちゃごちゃ言ってたけれど、モスクワから汚い雑誌を背負ってドイツまで来たそいつに出会ってから、その手の贅沢な戯言は口が裂けても言わないように、こころに決めた。

ひとりで自費出版本やZINEを作って、ブックフェアやコミケで売ってる人間にも、モスクワの革ジャン兄ちゃんみたいに、他人とコミュニケーションを取るのが苦手なタイプがいるはずだ。いままでいろんな人間を取材してきたけれど、経験から言って、ほんとうにすごい本を作ってるのは地味で無口で、ひとりでコツコツ作業するのが好き、というひとばかりだった。口で説明するんじゃなくて、なにかを作ってみんなに見せるのが、彼らのコミュニケーションなのだった。

「編集」は基本的に孤独な作業だ。書籍編集でも雑誌編集でも、まったく同じこと。雑誌だって大きくなるほど大人数で作るだろうけれど、最終的な判断はひとりの編集長が下すはず。だからこそ雑誌の個性が生まれてくる。逆に、そういう「編集長の顔」が見えない雑誌は、おもしろくない。

だからいま、地方でよく見かけるでしょう、ひらがなタイトルのほっこり雑誌。ああいうのって、がんばってるなとは思うけど、意外におもしろいのが少ない。「昔ながらの町のパン屋さん」とか「アートでエコなカフェ」みたいな記事ばっかりで（笑）。たぶん、みんなで相談しながら作っているからだ、仲良しクラブみたいな感じで。

ひとりということは、相談するひとがいないということ。だからブレようがない。どうしても作りたいという思いの前に、「仲間」は助けにもなるけど、時として障害にもなりうる。

どうしよう……って迷うときは僕もたくさんあって、それはいくら経験を積んでもなくならないけれど、そういうときにあの、モスクワの兄ちゃんを思い出す。あいつに恥ずかしいことだけはできないって。

編集会議というムダ

編集者としてスタートしたのは、平凡出版（現・マガジンハウス）から発行されていた雑誌『POPEYE』編集部の、雑用アルバイトからだった。

当時、と言ってもすでに40年近く前になってしまったが、第1次か2次のスケートボード・ブームがあって、大学の友達とスケボーで遊んでいたときに葉書を書いたのがきっかけで、編集部でアルバイトを始めただけ。編集者を目指していたわけではぜんぜんなかった。

だから最初は完全な使い走り。原稿はぜんぶ手書きだし、インターネットどころかFAXも普及してないころだったから、原稿取りのお使いとか、お茶汲みとか、できた雑誌の発送作業とか。そのうちに僕が英文科だとわかって、当時の『POPEYE』はアメリカの雑誌からの情報が多かったから、「この記事、訳して」とか頼まれるようになって、そうなるといちど翻訳して、そこからさらに原稿を書くというのも二度手間だから、「お前、自分で原稿書くか？」となって、現在に至ると。だからあるときまでバイトの時給制だったのが、そこから原稿1枚につきいくらの原稿料制になっただけのこと。

『POPEYE』が創刊されたのは1976年で、僕が大学に入ったのと同じ年だった。そのうち大学生〜20代前半という読者層が、自分と同じようにオトナになっていって、そうなるともう少し年上のテイストの兄弟誌が欲しいとなって、5年目に『BRUTUS』ができる。そっちに誘われて、けっきょく『POPEYE』と『BRUTUS』合わせて10年間、編集部に通うことになって、そこでの経験が編集者としての僕の、すべての礎(いしずえ)になってると思う。ほんとになんとなく入っただけだったのに、そこが偶然、自分にぴたりと合っていた。

いま思えばそれがふつうじゃないとわかるけれど、『POPEYE』や『BRUTUS』編集部には、編集会議というものが存在しなかった。特に『BRUTUS』時代の5年間には、いちども会議というものをした覚えがない。『POPEYE』だって、たぶんなかった。もしかしたら、僕だけ抜きでやってたのかもしれないけれど。

それではどういうふうに誌面ができていくかという

『POPEYE』創刊号（マガジンハウス、1976年6月号）

と、まず企画が頭に浮かんだら自分でいろいろ調べて、といってもネット以前の時代だから、たいした下調べもできなかったけど、なんとなくいけそうだと思ったら、編集長かデスクのところに行って、「これ、おもしろそうなので、やらせてください」とか申告する。

そうすると「じゃあ何月号に何十ページあけるから行ってこい」と言われて、取材に行く。『POPEYE』のころは大人数で取材チームを作るのが当たり前だったけど、『BRUTUS』になると慣れてきて、海外にも知り合いがいろいろ増えたから、カメラマンとふたりだけとか、自分ひとりだけでどこへでも行って、取材先で現地のカメラマンを雇って、フィルムだけもらって帰ってくる。それで編集部か、たいていは家にレイアウトシートとフィルムを持ち帰って、ひとりで原稿書いてページを作っていく、というやり方が多かった。

そんな進め方だったから、隣の席の編集者がなにを取材しているのか、雑誌が出るまでわからない。知っているのは台割（集めた記事をどういう順番で配

『BRUTUS』創刊号（マガジンハウス、1980年6月号）

列するかの設計）を決めるデスクと編集長のみ。ひとりで企画を考えて、そのページは自分の責任で作るというシステムだった。それが成功しても、失敗しても、ぜんぶ自分に返ってくるだけのこと。

つまらない雑誌を生むのは「編集会議」のせいだと思う、つくづく。どの出版社でも、場合によっては営業部も参加して会議で企画を決めるのがふつうではないだろうか。たとえば毎週月曜の午前中、ひとり5個アイデア出して、それを全員で検討、とか。

それでアイデアのひとつずつを「これはおもしろくない」とか潰し合っていって、残った採用案を「これはお前が担当」って割り振る。その時点で、取材のモチベーションってゼロだから。まずもって自分がやりたいものとはかぎらないし。

「通る企画」というのがどういうのかというと、みんなにわかる企画だ。みんなにわからせるためには、みんなにわかるプレゼンをしなくてはならない。そのプレゼンとは、こんなに雑誌でも取材されているとか、ネットやテレビで取り上げられていたとか、「事例」がないと説得力がない。「ほら、こんなに」って。それはようするに「もうだれかがやったネタ」ということだから、二番煎じ以上のものになりっこない。

取材は「おもしろいってわかってる」から行くんじゃない。「おもしろそう」だから行く。だれかが取り上げたものは、それなりに内容がわかっているけれど、だれもやってないものは「ほら」って見せることができない。うまく記事にできるかどうかわからない。でも、おもしろそう。だから行く。そういうこと。会議には基本的に合わない仕事なのだ。

けっきょく会議っていうのは「リスクヘッジ」でもある。みんなで決める。だから、それがもし失敗したとしても、「みんなでいいって言ったよね」みたいな。それはある意味で、集団責任回避システムにすぎない。そんなことしているあいだに、ネタの鮮度がどんどん下がっていく。

ずっとフリーランスで生きてきて思うけれど、プロは「みんなでやる」じゃなくて、責任分担しなくちゃダメだ。「営業の意見」とか「市場調査」なんて関係ない。編集者は全力でベストの記事、最高の本を作って印刷に回す。営業はそれを全力で広めて、売る。だから、いい本ができなかったら、編集者が責任を取る。だれが見てもいい本なのに売れなかったら、営業が責任を取る。それがプロの覚悟ってものだと思うのだが、それはナイーブすぎる思いでもあるのだろう。

とはいっても、自分の企画が読者の好みとズレてないか、不安なひともたくさんいるはず。僕だって最初はそうだった。

たとえば『BRUTUS』がスタートした1980年代前半は、ニューヨークがいまよりはるかに荒れていて、でもすごくおもしろくて、アートの世界でもそれまでの難解なコンセプチュアル・アートとはぜんぜんちがうところから出てきたニューペインティングのムーヴメントが、がーっと盛り上がっていたころだった。キース・ヘイリングとか、ジャン＝ミッシェル・バスキアとか、ぜんぶ同じころにデビューして。

現代美術はずっと好きだったけれど、なにも専門的に勉強したわけではなかったし、詳しい知識なんてゼロだった。でもニューヨークに通ううちにそういうアーティストたちとも知り合いになって、そうなるとどんどんシーンがおもしろくなってくる。それまでは単に「グラフィティ＝落書き＝違法行為」扱いだったのが、キースもバスキアも、ちょうど鋭い画廊がピックアップし始めた時期だった。

それで彼らを取材する。で、東京に帰ってきて記事にするのに、いろいろ参考資料を探そうとしても、『美術手帖』や『芸術新潮』、どこを見てもそんな情報は載ってない。

そうなると最初は、自分がハズしたかと思うわけ。専門家がぜんぜん取り上げてないから。でも、そういうことがあまりにもたびたび起こるうちに、ハタと気がついた。専門家たちは、実際に行ってないから知らないだけだって。知識はあっても行動力がないから、その分野で起こりつつある新しい流れを知りえない。いっぽうこちらは、知識はなくても行動力、というか経費はある（笑）。上司からも「それ間違ってないか専門家に確認しろ」なんて、一度も言われなかったし。いま考えてみれば取材対

NEW PAINTING
KEITH HARING

用者にはおなじみの、落書き少年でもあるのだ。

ニューヨークの地下鉄の駅は、ホームも通路も広告スペースで埋まっていて、ブロードウェイの新作ミュージカルやらフライドチキンの広告ポスターがベタベタと貼りめぐらされているわけだが、契約期間が切れたスペースは次のポスターが貼られるまで、黒い紙で覆われるきまりになっている。キース・ヘイリングにとっては、それが格好の黒いキャンヴァスに見えるのだ。

「外に出るときはかならず、ポケットにチョークを入れておくようにしている」と言う彼は、そうしたブラック・スペースを見つけるやいなや、チョークを取り出し、熟練しきったプロフェッショナルだけが持つ素早く確実なストロークで、壁を埋めていく。完成するまで、わずか数分間。そして彼は、一歩さがって出来映えを眺めることもなく、3段ずつ階段を駆け上がって地上の雑踏に姿を消してしまうのだ。後に残されるのはその"作品"ばかり。署名もないその"作品"のなかでは、箱型の犬が踊り、表情のない赤ん坊が這いまわり、受話器の外れた電話が鳴り続け、ピラミッドに向かってUFOが怪光線を発射する……。

美術雑誌など生まれていちども手に取ったこともないし、画廊など足を踏み入れたこともなくても、地下鉄利用者にとってはもう、キースの絵はおなじみの存在である。走る電車の窓から目ざとく見つけて「お、新作だな」とニヤリとする乗客もいれば、延々来な、電車を待ちなが

していているような、していないような、不思議に静かな暴力を秘めたその画面に、それぞれが勝手な解釈をつけては楽しんでいるのだ。

長く持って1週間、ときには1時間足らずのうちに消滅してしまう短い運命を気にする風もなく、創作活動を日夜続ける彼が、今度は本物のキャンヴァスに描いた作品群が、いまファイン・アートの世界では最大の話題になっている。

この2、3年で、いきなりアート・ワールドを席巻してしまった大きなニュー・ペインティングの流のなかでも、キース・ヘイリングは最も有望で、加速度的に成功しつつある新進のアーティストとして、いまや全米はもとよりヨーロッパ各国でも賞

▲グループ展示展に出品された"モダーン・ヴィーナス"

「ニューヨーク・スタイル・マニュアル」特集（『BRUTUS』マガジンハウス、1982年9月15日号）

象の客観的な評価ではなくて、取材するこちら側のおもしろがり方を評価してくれてたんだろう。で、そうやってだんだん、専門家の言うことじゃなくて、自分の目と感覚のほうを信用するようになっていった。10年間の雑誌時代で、僕にとってはそれがいちばんのトレーニングだった。

そんなふうにひとりで「独善的」に進めるわけだから、失敗すると悲惨なことになるし、あわてて まわりに「手伝って」とか言っても遅かったりする。もう、思い出したくない失敗がたくさんあるけれど、まあでも2週間もすれば次の号が出てしまうのだし（『POPEYE』も『BRUTUS』も隔週刊だった）。失敗は次で挽回するしかないな〜とか思って、やせ我慢するしかなかった。

前に「なにげなく編集者になってた」って話したけれど、アルバイトとして『POPEYE』編集部に通いながら、実はその先は大学院に進もうかと思っていた。専攻していたアメリカ文学で。それで取材でアメリカに通ううちに、現地で同世代の若者が読んでいる若い作家たちを知ると、こっちも興奮してそういう作家たちのことをリポートに書いたりする。でも、教授は完全に無反応。

いまだに大差ないかもしれないが、当時の大学のアメリカ現代文学の授業では、「現代」がフィッツジェラルドやヘミングウェイだったから。ふたりとも、ずっと前に死んでるんですけど……。そういう状況を見ているうちに、アカデミズムの閉鎖性というか、尻の重さというか鈍感さというかが、ほとほとイヤになった。

それでどんどん学校がどうでもよくなって、現場のほうがおもしろくなって、4年生の卒論を提出する時期も『POPEYE』でアメリカ取材に行っていて、提出できなくて留年。翌年、たぶんお情けで卒業させてもらったけど、「特別に卒業させてやるんだから、卒業式には出るな」って。いまだに卒業証書も取りに行ってないけど。ま、いらないし。


ほんとに新しいものに遭遇したときって、いきなり「最高!」とか思えなかったりする。もちろん名前も聞いたことないし、見たこともないし、いいとか悪いとか、判断ができない。でも、出会った瞬間にこころがざわつく。それを「いい」と言い切るのには、もちろん不安もいっぱいある。知らないのは自分だけなのかもしれないし、まったくハズしてるだけかもしれない。いまだにほとんどの記事はそういう不安を抱えながら作っているけれど(ほんとに!)、不安を乗り越えるためにできること、そのひとつに「カネを出す」ことがある。

たとえばまったく無名な画家を特集したいと思うときに、そのひとの絵を自腹で買おうか考えたら「金を出してもいいほど好きなのか、ちょっとよさそうだから取材してみようって程度なのか」、瞬時に判断できる。いきなりネットで検索とかしないで、自分のアタマとフトコロでジャッジする癖をつける。それが自分の嗅覚を育てる上で、いちばん手っ取り早い方法かもしれない。

担当編集者とふたりでどこか知らない街に取材に行って、昼飯時になったとする。そこでいきなり携帯で「食べログ」とかチェックする編集者を、僕はぜったい信用しない。他人の意見に従うのではなくて、とにかく自分で選んで、食べてみる。そこで最悪の飯が出てくるかもしれないし、いままで食べたことがないようなおいしいものに出会えるかもしれない。嗅覚を磨く、舌を肥やすって、そういうことだ。

「食べログ」で事前に調べて店を決める人間か、まずは自分で選んで食べてみる人間なのかで、そのひとの仕事は分かれる気がする。なぜなら「食べログ」は、どんな分野にもあるから。

美術でも文学でも音楽でも、他人の評価ではなくて、自分でドアを開けてみないと、経験は積み上げられない。そうやって成功と失敗を繰り返しているうちに、いつのまにか、自分が「いい」と思ったものは、だれがなんと言おうと、いいと言い切れる日がやってくる。そうやって場数を踏んでいくことで、「聞く耳持たないようになる」のが、実はものすごく大切なことだ。だって、けっきょくのところ、ハズして笑われるより、先にだれかにやられて悔しいほうが、イヤでしょ。そう思わない編集者は、別の仕事を見つけたほうがいい。

読者を見るな、自分を見ろ

そのときは「おもしろそう！」って興奮しながら取材していただけ。でも、いま思い返すと、『POPEYE』も『BRUTUS』も、いわゆる「業界」への挑戦という、反抗精神がすごくあったかもしれない。

たとえば『POPEYE』は「カタログ雑誌」のハシリとか言われてるけれど、作ってる僕らのアタマにつねにあったのは『ホール・アース・カタログ』で、それが示していたのは自分たちの身の回りにあるモノが、自分たちのライフスタイルの反映でありうるという精神だった。そういう意味で、僕の上の編集長たちは特に、アメリカのカウンターカルチャーにすごく影響を受けていて、それが僕らにも伝わってきた。

『POPEYE』ではよくスポーツの特集を組んでいた。テニスとか、スキーとか。それはなにも新製品を紹介したり、メーカーの広告を取りたかったからじゃない。編集者たちがみんなスポーツ好きで、だからこそ日本のスポーツを、体育会系から解放したいという強烈な思いがあった。

当時の日本のスポーツの根底にあったのは「スポ根」精神だ、汗と涙の。「つらくなくちゃスポーツじゃない」みたいな。

でもアメリカで取材しているうちに、同世代のプレイヤーがすごくリラックスしてスポーツを楽しんでいて、しかもそういう彼らに日本の選手がぜったいかなわないのを見てきて、なるほどと思った。練習が辛いのはあたりまえだけど、楽しくなきゃ続かないし、伸びないって。だいいち僕らは選手じゃないのだし、からだを動かすのは本質的に楽しくなきゃおかしいって。

だからスポーツ特集を作りながら、編集部でもみんなでよく遊んでいた。休みの日のたびにテニスしたり、ロケバスでスキーへ行ったり、お揃いのラグビージャージ作ったり。家庭持ちの編集者も、家にいるよりみんなと遊んでるほうが楽しかったみたいで（笑）。自分たちがやってみて、おもしろいと思ったことしか、読者に勧められないから。

いまも『BRUTUS』で続いている「居住空間学」ってあるでしょう。あれも考えてみれば、建築・インテリアデザイン業界から徹底的にバカにされた企画だった。

アートもそうだったけれど、僕には建築の素養もゼロだった。でも海外取材がどんどん増えて、『BRUTUS』編集部時代の後半は年に通算3ヶ月ぐらいはどこかの国に行っていたと思うけど、そういうときに取材対象の家に行く機会がよくあった。

たまには有名人もいたけれど、ほとんどは無名だったり、売れてなかったり、ただの地元の若者だったり。そういう人たちの家って、大してカネはかけてないはずなのに、すごくかっこよかったりする。そこらへんの古道具屋で見つけたジャンクをうまく再利用したり、てきとうに壁を壊して部屋を広くしてみたり。

1980年代初期というのは、アートで言えばニューペインティングだったけれど、建築やインテリアデザインの世界では「ハイテック」というスタ

←一段高い位置に据えられたお風呂 泳げそうな大きさである

プールみたいなお風呂をロフトの真ん中に据えた。

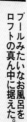

長辺が約30メートル、専有面積は360平方メートルという途方もない広さのロフトが、ニューヨークのファッション・デザイナー、エイドリーの住居である。

スタジオは別の場所に持っているから、このスペースは彼女だけの、完全にプライベートな空間。そこで、友人のインテリア・デザイナー、ケヴィン・ウォルツと協力して、彼女自身のライフスタイルにぴったり適合するインテリアを作り上げた。ちなみに、このスペース、もともとは野球帽の製造工場だったという。

ケヴィンがまず考えたのは、フィットネスをつねにこころがけるエイドリーのためにワークアウト・スペース、つまり毎日汗を流して運動できる空間を用意すること。そこで壁の一面に鏡を張ってストレッチング用のバーをわたし、天井からは吊り輪を下げた。「鏡、吊り輪、それにマットや白いバーベル。みんな毎日の運動に欠かせないし、インテリアの一部としても美しい効果を上げてくれるの」と、エイドリーは満足そうに話す。

でも、彼女のいちばんの自慢は、やっぱり、四方が3メートルという、まるでプールのようなお風呂。これがワークアウト・スペースの横に、でんと据えてあるさまは壮観。むろんバスルームは別にあるから、ここで体を洗ったりはしない。エクソサイズで疲れた体をお湯のなかに浮かべ、周囲に埋め込まれたジェットノズルから噴き出す、泡の心地よい刺激に、ゆったりと身を任せるのだ。折しも、スピーカーからは抑えた音でフィリップ・グラスが……。ああ、もう書いているだけで気持ちよくなってしまいそう。

←健康生活に自信のエイドリー

➡広大なリビング・エリアは明るい窓際に

➡車輪付きの収納キャビネットはすべて移動可

←ピアーズ・ゴーグのベッド&バスルーム。仕事なんか放り出して、終わりなき禁断の愛欲生活にとっぷり浸ってしまいたいほど魅力的な部屋

ベッドも洗面台もバスタブも一部屋に。

世界最悪の住宅事情に悩むロンドンのインテリア・デザイナー、ピアーズ・ゴーグが自分の新居にようやく見つけたのは、郊外の古い工場跡。乏しい予算を上手に活用して、3年ほど前に完成させたのが、このスペースである。

普段のように口うるさい注文主に悩まされることなく好きにできる、というわけでピアーズ・ゴ

←なるべくなにも置かず、空間を生かす　↑古い工場跡を利用　➡1920年代のバスルームには、こんな化粧台がポピュラーだったのだ

ブルータスの居住空間学

➡バスタブの中には、石まで置いてあって気分です

ルーム。細長い部屋の一端に大きなベッド、真ん中にはスチームと洗面台、そしてその横にバスタブを置く、というレイアウトだ。

部屋の中央ににょっきり突き出す洗面台は、インテリアとして見ても抜群の効果。型破りではあるが、実際に暮してみると居心地いいこときわまりない。もう一日中この部屋でのんびりしていたくなる、とはピアーズ・ゴーグの自信たっぷりの感想。なるほどいかにも便利そうだ。

部屋のもう一方の隅には、古い椅子を1脚だけ置いて、バスタブがお湯で満ちるのを待ちながらくつろげるようになっている。

TIM STREET-PORTER

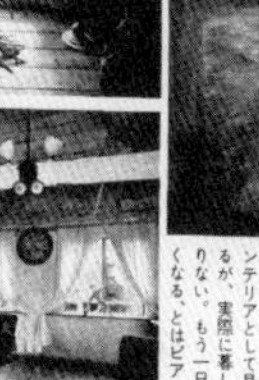

体中に陽を浴びながらお湯と遊ぶ。この心地よさをあげたい。

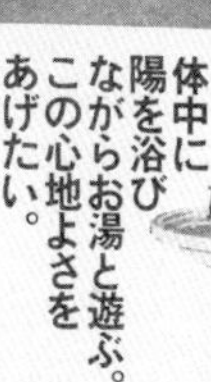

➡やはり1920年代の洗面台。しっかり粘もしい曲線が懐かしい

52－53ページでしっかり紹介したフィリップ・ディクソンのバスルームが、これだ。バスルームという言い方は、正しくないかもしれない。ベッドルームの、ベッドとは反対側の壁に埋め込まれたバス・エリアといったところだ。それにしても、グラスブロックのバスタブとは、なんと南カリフォルニア的な発想であろうか。背中のグラスブロック・ウォールは、外観の写真からわかるように、そのまま外壁として機能していて、体ごと柔らかい太陽光線が浴びられる。サンベイジングとはこのことかしらん。

➡外壁としても機能するグラスブロック壁を見る

➡アラン・ワーニックの〝レセプション・バスルーム〟苦心の末の発想が成功した

➡古風なカントリー・フィーリングが漂う窓際のスペース

➡中古家具を上手にアレンジしたリビングルーム

➡実は体重計です。ヘルスメーターなんていってはいけない

玄関兼バスルーム。

一見ただのきれいなバスルーム。ところがアラン・ワーニックにとっては、この部屋はバスルームであると同時に玄関でもあるのだ。つまりドアを開けると、いきなりこのバスルームになるという仕組み。たいていの訪問者が面喰らってしまうのも無理はない。

ただし、別に悪ふざけでやっているわけではないのだ。母屋にコテージ、という邸宅に住む両親から、コテージのほうを借りて住んでいるアランにとっては、狭い2ルームをいかに有効に使いこなすか、考え抜いた上での切実デザインなのだ。

だからこの〝レセプション・バスルーム〟には、バスタブはむろんのこと、訪問客用の椅子が数脚に、サイドテーブル、電話といった玄関用の設備が同居している。それも違和感なく。

「最初はだれでも驚くけれど、慣れてしまえばどんなお客さんも、いつもよりずっとリラックスできるって好評なんだ」とはアランの言葉。バスタブが親密感を高めてくれるのだろう。

「居住空間学」特集（『BRUTUS』マガジンハウス、1982年6月1日号）

イルが爆発的に出てきた。それまで建築のエレメントとは見なされていなかった工業製品を大胆に使ったり、剝き出しの構造に美を見出したり。建築の世界で不動の概念だった「モダニズム」というものに対する、パンキッシュな反抗精神も秘めていて、ニューペインティングに近いスピリットを感じたし、すごく興奮した。建築史的には、それはポストモダニズムの時代だったろうけれど、僕らの日常ではハイテックのほうがはるかに身近で、オシャレでもあった。

で、そういう「これまでとちがう生活空間」の記事を作りたいという欲求がどんどん高まっていって、でもアートと同じくらい、建築って専門家の分野でしょう。日本の建築雑誌は立派だけど、どこを見てもそんなのは載ってなくて、コルビュジエだのライトだのって大御所建築家と、超高級家具しか出ていない。そんな家に住んでるひとなんて、ひとりも知り合いにいないのに。

それで「居住空間学」を始めてみたら、ちゃんと現地に行って取材してるのに「てきとうに写真買って誌面作っててんじゃねえよ」とか、おっさん評論家に怒られたり。そういう悔しさは忘れないいし、それがいまでも仕事の原動力になってる。「いまに見てろ!」って……もうすぐ60歳だけど。

そう思うと、僕みたいな素人のガキのワガママを許してくれた、当時の編集部の環境にはすごく感謝するしかない。だれも見たことも聞いたこともないアーティストを、「これがこれからのアート!」とか言って取材してしまう。ほかのメディアにまったく取り上げられていない、だれも知らないネタなんて、たいていの上司ならボツにする。でも、当時の編集長たちはやりたいことをめいっぱいやらせてくれた。

もちろん怒られたこともいっぱいある。いまでも覚えているのは『BRUTUS』で「結婚特集」というのを思いついて、その号はたぶんいまだに『BRUTUS』の返本率最高のひとつだろうけど……。しかも「撮影はミラノで」とか企画を立てて、編集長に相談しに行ったとき、「おもしろいですよ〜」と言いながらも、「でもあまりにもほかとちがうから、売れるかどうかわからない」とかポロッとこぼしたら、すごく怒られた。「お前、ほんとにおもしろいと思って言ってるのか?」って。それで「ぜったいおもしろいと自分では思います!」と返事したら、「だったら読者の顔色とかうかがうんじゃない、ほんとにおもしろいと思ったもんだけ、とことん行け。売れなくて頭下げるのは、こっちの仕事だから」って。

その編集長から教わったことはいろいろあるけど、いちばん身についたのは、「読者層を想定するな、マーケットリサーチは絶対にするな」だった。知らないだれかのためでなく、自分のリアルを追求しろ、と。そういう教えが、僕の編集者人生のスタートだったのかもしれない。

たとえば女性誌を作るとする。「この雑誌の対象は25～30歳の独身女性で、収入はこれくらいで……」とか、読者層を想定する。その瞬間に、その雑誌って終わるよね。だって自分は25～30歳の独身女性じゃないから。

「こういうひとたちが関心あるのはこういうこと」とか、関係ない人間が勝手に決めるのって、すごくおかしいし、失礼だと思う。そうではなくて、自分がものすごくおもしろいと思ったことは、おもしろいと思ってくれるひとがほかにもいるはず。それは25歳の独身女性かもしれないし、65歳のおじいさんかもしれないし、15歳の男子かもしれない。だからそこにいるのは「ひとりひとりの読者」であって、「読者層」じゃない。

最近の雑誌がつまらない最大の原因は、たぶんそこにある。デパートと一緒だ。いまのデパートって、キャラがない。有名ブランドをどれだけ入れるかの勝負で、ほとんど不動産屋状態でしょう。雑誌も似たようなものなのは、マーケットリサーチしすぎてるせいだから。ポーチとかの「特別付録」の包装紙みたいなファッション誌や、男性編集者が勝手に妄想する女性向けセックス特集なんて、だれが読みたい？　しかもそういうリサーチって、出版社自身じゃなくて、たいてい大手の広告代理店とかが出してくるものだし。

若い編集者と飲む機会もたまにあるけれど、「企画が通らない」とか「編集長がダメ」とか「営業が口出す」とか文句言うのは、だいたい大手出版社のやつ（笑）。高給取りにかぎって、文句が多いから。弱小出版社のエロ雑誌や実話誌の編集者は、ぜったい文句言わない、ほんとに。「給料安いし大変だけど、好きでやってるんですから」って。

それで思い出したけど、若い編集者を夢中で働かせるコツって、給料じゃない。メシ！　これはいまだにそう思う。伸び伸びやらせて、腹いっぱい食べさせて、飲ませる。これにかぎる。いまどきの若者は草食系だとか言われるけど、そんなことないって。意味ない宴会がイヤなだけ。

『POPEYE』で働いていたころ、元平凡出版の編集者だったひとがやってるバーが六本木にあって、そこに毎晩のように通っていた時期があった。なぜかというと、そこはどれだけ飲んでも、だれを連れて行っても、タダだったから。ほんとはタダじゃないんだけど、請求書は上司たちがまとめていろいろうまく処理して(笑)、こちらは一銭も払う必要がなかった。仕事で知り合ったり、おもしろそうなやつがいたら、みんな連れて来いって言われていた。

そうすると、こっちのテーブルでは若いサーファーたちがワイワイやってて、あっちでは内田裕也さんと安岡力也さんが一触即発の緊急事態で……なんてことになる。それで年代も環境もちがう人間が、自然に知り合える。盛り上がって、いろんな話を聞けたり、とんでもない企画が持ち上がったりする。「異業種交流会」なんてくだらないことしなくても。

そういう「夜の編集部」を維持する、というか伝票をごまかすのがいかに大変だったか、ずーっとあとになって聞いてしんみりしたけれど、あれはすごくいい場所だった。若いやつにとっては最高に刺激的な場所と時間だったし。一生の親友とも何人か出会えたし。自分がかつての上司か、それ以上の年齢になってしまったいま、今度はこっちがお返しする番……というのもなかなか難しいけど、その精神だけでも受け継いでいきたいと（笑）。

習えること、習えないこと

『POPEYE』編集部で働き始めたのが20歳そこそこのころだけど、企画の立て方やネタの探し方なんて、一度も教えてもらった記憶はない。「外行って探してこい」って言われただけで。編集者としての基本すら教わらなくて。ぜんぶ、てきとうに見よう見まねだった。

それでは上司から学んだのはなにかと言うと、「おもしろがりかた」。それだけかもしれない。編集部にいたってなにも起きない。とにかく現場に行って、新しいなにかと出会う喜びを忘れないこと。

いまはたいてい、社員編集者は社内にいて、フリーのライターとかを走り回らせている。そのあいだに、ずっとネットでネタ探したり。そんなの、最低だ。だって自分が体験しなかったら、おもしろがれるわけがない。自分で行かなきゃ。

ちまたには「現役編集者が教える編集塾」なんていう謎のセミナーがあっ

たりして、けっこう生徒が集まってるんでしょう？　あれほどカネと時間の無駄ってない。何十万も払って塾に通ってるあいだに、自主制作本やZINEが何十冊作れるか、想像してみたらわかると思うけど。講師を担当しているひとから、たまにゲストとして呼ばれることもあって、そういうときは「こんなところにいたら時間がもったいない」という話をして帰ってくる。生徒たちは薄ら笑いだけど。

仕事には教えられる部分と、教えられない部分があると思う。技術は教えられるけど、そもそも編集者に必要な技術はほとんどないし。だから本なんて自由に作ればいい。

企画の立て方なんて、教えたり教わること自体がおかしいとしか思えない。「企画を探す」という行為が僕には理解できないから。自分が読みたい本があるから作るだけだ。こんなことを言うと反感を買うだろうし、例外もあるのは知っているけれど、最前線で働いていたら、とりあえず毎週学校で教えてるヒマないよね？　少なくとも僕は、自分の取材や原稿書きで精一杯だから、教壇に立って「企画の立て方」なんてレクチャーする余裕はない。

けっきょく、編集を学ぶヒントがどこかにあるとしたら、それは好きな本を見つけてじっくり読み込むことしかないと思う。ミュージシャンが好きなミュージシャンをコピーすることから始まるように、画家が尊敬する画家の模写から始めるように、編集者だって好きな本や雑誌と出会って、それを真似して作ってみることから始めたらいい。著者が好きな本でもいいし、編集やデザインや、造本が好きというのだっていい。あとは、1冊でも多く自分で本を作ることのほうが大事だ。

仕事を始めたころ、僕自身はアメリカの雑誌にものすごく影響を受けた。取材する側とされる側の距離感とか、誌面構成とか、特集とはまたちがう、後半の定例ページのスタイルとか。高校生のころから神保町の洋書古本屋で、アメリカの『PLAYBOY』誌なんかを集めて喜んでいたから、その延長という感じでもあった。

当時僕の上司だったのは、だいたい60年代から70年代にかけて現場でがんばっていたひとたちなので、やっぱり欧米のスタイリッシュな雑誌の作り方に憧れていた部分もあったし、前にも言ったように同時にアメリカのカウンターカルチャー系の影響も受けていて。だから編集部では山ほど海外の雑誌を定期購読していて、それを読みまくるのが僕にとってはすごくいい勉強になった。そういうのも、編集部の大事な資産だ。

過去何年分かの書評を集めた『ROADSIDE BOOKS』という本を2014年に出版したけれど、その帯に「たくさん読むから偉いんじゃない　速く読むから賢いんじゃない」って書かせてもらった。僕は、自分の本の帯は自分で書きたい。ほんとは帯というもの自体、デザインの邪魔だからつけたくないけれど、これだけはどうしても出版社を説得しきれないでいる。

そう書いたのは、速読とか多読なんて、早食いや大食いと一緒だと思うから。何百冊も何千冊も買って部屋に積んだって、「読んだことある」とか言ったって、素材を味わってなかったら、なにも身につかない。血肉にならない。編集者を目指すからって、ひとよりたくさん本を読む必要なんてない。それよりもはるかに大切なのは、100回読み返せる本を、何冊か持つこと。

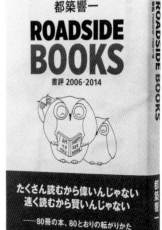

『ROADSIDE BOOKS』（本の雑誌社、2014年）

映画監督になるのだって、たぶんそう。寝る間も惜しんで何千本観た、とかいうのは評論家にとっては大切だろうけど、作り手はそうじゃない。100回見ても感動する、そういう映画と出会って、繰り返し観続けて、自分のものにするほうがはるかに大切なはずだ。音楽家だって、画家だって、みんな同じこと。昔の文章読本には、書写の重要性を説いているのがよくあるけれど、あれは編集者にとっても一理あると思う。

同業者と飲むな

編集塾と同じくらい無意味なのが、同業者との交流（笑）。異業種交流会は、さらに意味ないと思うけど。

編集者の飲み会、みたいなのに誘われていたころもあったけど、ほとんど参加しないでいるうちに、もう誘われすらしない。編集者の知り合いはたくさんいるけれど、仕事を離れても毎晩一緒に飲みたい、なんてひとはひとりもいないから。僕は写真も仕事だけど、写真家もまったく同じ。同業者と酒飲んで「編集論」とか「写真論」を闘わすとかって、いちどもやったことないかもしれない。

同業者は仲間じゃない。同じ仕事をしている以上は、ライバルだ。だから同業の友達は、なるべく少ないほうがいい。編集者同士で酒を飲むヒマがあるのだったら、そこらへんの居酒屋やスナックで、まるで関係ない仕事をしているひとと知り合うほうが、よっぽど有意義な時間の過ごし方だろう。ほかの同業者たちが行ったことのないところに行ってこそ、自分だけの発見があるのだろうし。

それと、いまだに「石の上にも三年」とか言う上司や先輩がいる。それは「石の上に三年いちゃった」やつが言うセリフだ。自分が苦労したから、後輩も同じ目に……なんて意地悪な発想とまでは言わないけど、でも転職なんてどんどんすればいい。合わないと思ったら、辞めちゃえばいい。そういう直感って、意外と正確だから。

こういう仕事だと、むしろ3年同じところで我慢していたら、感覚が失われてしまう危険だってある。たとえばオヤジ系週刊誌って、どのページも加齢臭すごいでしょ。でも実際に編集部で誌面を作っているのは、若手の編集者が多かったりする。それで、どうして25歳のやつが65歳みたいな記事書くんだろうと不思議に思って、知り合いの編集者に聞いたことがあった。そしたら2〜3年編集部にいるうちに、どんどん文章も年取っちゃうんだって。

それはすごく怖いと思った。郷に入ったら、いつのまにか郷に従ってる自分がいた、というか。合わない編集部で我慢するのは、サイズの合わない洋服を着ているうちに、自分が洋服の体型になっちゃうってこと。いやいやリクルートスーツを着ているうちに、スーツが似合うときがやってくるでしょ。それは自分が成熟したのではなくて、「スーツ世界の人間」になってしまっただけのことだから。

自分が思ってもいない、信じてもいない誌面を作らされているうちに、いつのまにか自分が「思っても信じてもなかったこと」そのものになっている。「ちょい悪おやじ」とか「プロ彼女」とかに(笑)。

デザイナーという「しもべ」

編集者に技術は必要ないと言ったけど、本を作る上で唯一技術が必要なのはデザインの分野かもしれない。雑誌や書籍で、ページのデザインを考えるのはエディトリアル・デザイナーと呼ばれる人々の仕事だ。昔は「割り付け」なんて言われてたけれど。僕が雑誌にいたころは「デザイン」じゃなくて「レイアウト」だったし。

「お洒落なデザイン」ってあるでしょ。たとえばメインの写真をどーんと大きく使って、あとはテキストをなるべく小さく配置して余白を活かす、みたいな。

そういうデザイナーと仕事すると「文字が溢れてるから何十字削ってください」とか、平気で言ってくる。雑誌では特にデザインが先行するケースが多いから、あらかじめ決められたデザインに合わせて文章を書くのが、むしろふつうかもしれない。僕が雑誌にいたころもそうだったし、ある意味そうやって決められた字数ぎりぎりの文章を書くのは、すごく有益なトレーニングだったことも認める。

でも、勘違いしちゃいけない。本や雑誌にもいろいろあるけれど、基本は「なにかを伝える」ための器だ。デザイナーの「作品」ではない。だから拡

『だれも買わない本は、だれかが買わなきゃならないんだ』（晶文社、2008年）

大鏡がいるほど文字サイズが小さいのに（年取るとよけいに！）、余白があまりに大きく取ってある誌面を見たりすると、すごく歯がゆい思いに駆られる。余白があるなら、文字を大きくして、読みやすくすればいいのに……。

伝えたいことがあるから、編集者は素材を用意する。それが画像でもテキストでもいいけれど、あらかじめ用意された誌面デザインに収まりきらないなら、自動的に削るのではなくて、どうにかしてページ内に収める努力をするのが、エディトリアル・デザインというものではないだろうか。

僕の本のいくつかは写真集でもあるけれど、「作品集」ではないから、ほしいのは外見の美しさよりも中身の濃さに尽きる。ブック・デザインは汚いよりきれいなほうがいいに決まっているけれど、それは正直言って最優先項目じゃない。「中身を活かすのがデザイン」とよく言われて、それは正論だけど、あるところまでしか正しくない。

『ROADSIDE JAPAN 珍日本紀行』東日本編、西日本編（ともにちくま文庫、2000年）

会報誌「ヒグマ」。もちろんクマ牧場発行の学術誌だ

マートボール式の餌やりマシンは、おもしろくってハマります

イヌの儀式に欠かせなかった、クマの頭を乗せる木「ユクサパウンニ」（上）や、手にとって感触を
かめられるヒグマの頭蓋骨（下）など、観光客が通り過ぎがちな博物館だが、展示は意外に充実し
ている。また、いまや定番の北海道土産「熊出没注意」グッズ、そのほかさまざまなクマ関連のお土
産売場は、さすがによりどりみどり。札幌の千歳空港より、品揃えは優れたものがあります

0088 北海道

ヒトの檻に入って、巨大ヒグマにエサやり体験

のぼりべつクマ牧場

千歳空港に着いたら、道央自動車道に乗って一路南下。登別東インターで高速を降り、登別温泉に向かえばまもなく、「登別・・・と言えば、クマ牧場」の名高いビーがそこらじゅうに現れてくる。日本各地にクマ牧場と名乗る観光施設は数あれど、老舗中の老といえばのぼりべつクマ牧場で決まり。北海道とヒグマが切っても切れない関係にあるのは、日本国どこの家の玄関にも、北海道土産のクマがサケをくわえてるヤツがあるのを見ても明白だが、そにしてものぼりべつクマ牧場が生まれてから、はや40年近く。現在200余頭のヒグマを擁する、内屈指の「ベア・パーク」だ。

登別の温泉街からちょっと奥まった駐車場にクルマを停め、ゴンドラに乗って約5分間の山登クマ牧場は山の上にあるのだ。「猛獣ヒグマもここではみんなのアイドル!!」とパンフにかれているとおり、のぼりべつクマ牧場では毎日2時間おきに行われる子グマのショーアヒルの競走などのエンターテイメント、ジンギスカン定食が味わえるクマ山食堂、マの胎児ホルマリン漬けなんかも見られるヒグマ博物館など、お楽しみはいろいろ。かしなんといってもハイライトは、クマ山内部に設置された「人間のオリ」に入って巨大なヒグマを間近で観察できる「エサやり体験」だ。クマ山の裏側から、コンクリト製の山の内部に入ると、内部は分厚いアクリルと金属製の柵でガードされた「人間のリ」になっている。クマのほうが外にいるわけ。ヒトを見つけるとクマはすぐに寄ってくるら、スマートボール式のエサやりマシンで、固形エサ射出！　巨大なクマがパックリしたあと、「っともっと」とねだって掌（前脚）をフリフリする姿には、なかなかグッとくるのです。(96年10月)

入園料2300円とちょっと高めだが、ここまで来たら行かないと・・・

アメリカ生まれの「ビリージョーズ楽団」が、クマ山食堂で自動演奏

上：博物館にはマニア好みの展示もあっ
意外に充実　下：アヒル競走もやってま

最終的には内容のあとを追っていくのが、エディトリアル・デザインのはず。その関係が逆転しているケースが、実はけっして少なくないけれど、それはたとえば注文住宅なのにものすごく住みにくい、建築家の「作品」を見せられている気持ちになる。

本作りの世界では基本的に、デザイナーは著者とコラボしてはいけない。著者の思いをいちばんストレートに紙の上に乗せてあげる、いい意味での「キャッチャー」でないと。それは編集者もまったく同じだ。

本の書き手としては、伝えたいことはなるべく100%伝えたい。それがもし収まりきらないなら、余白を削って、文字を小さくして詰め込めばいい。たとえば好きな雑誌を読んでいて、ものすごく気になる文章や写真って、かならずしもいちばんメインの写真や、特集の文章とはかぎらない。巻末のモノクロページの、35ミリフィルム原寸みたいな小さい写真や、欄外に押し出された1行のテキストだったりすること、あるでしょう。

特に専門誌と言われる分野では、かっこいい誌面ではなく情報量が勝負なことが多いから、一流のエディトリアル・デザイナーから見たら信じられないような、無茶な誌面構成がよくある。『だれも買わない本は、だれかが買わなきゃならないんだ』にはその一例として『ギター・マガジン』のことを書いたけど、それは『実話ナックルズ』のような実話誌や、『EX大衆』みたいなアイドル雑誌でもみんな同じ。たとえば、ふつうは一冊の雑誌で本文はどれくらい、写真キャプションはどれくらいと文字サイズが統一されているけれど、そういう雑誌は同じ本文扱いなのに、記事によって文字サイズがバラバラだったり。写真キャプションみたいな小さい文字サイズで本文が詰め込まれたページがあったりする。

そういう雑誌のデザイナーや編集者は、別にレイアウトの常識に挑戦したいわけじゃない。ただただ、入れたい情報がたくさんあるだけ。広告デザインとはちがうのだから、文字数や図版の数をデザインに制限されるのは、本末転倒だろう。そういうこともあって、僕は自分の本ではこちらの意図をきちんと汲み取ってくれる、「聞き上手」なデザイナーとしか仕事しない。大御所は大御所としてリスペクトしているけれど、デザイナーのプレゼンのための本ではないから。

『ROADSIDE JAPAN 珍日本紀行』の文庫版で『珍日本紀行』西日本編、東日本編の2冊組を作ったときには、当時仲良くなった、京都の美大を卒業したばかりの若い男女5人でチームを作って、手分けしてデザインしてもらった。2冊で1100ページを超えるボリュームだったから、ひとりのデザイナーをそれだけ大量の仕事に拘束するのは、予算的にも厳しかったので。

そのときにあらかじめ決めたのは、基本的な書体や文字組みと、あとは「1センチ角以上の余白は禁止」というルールだけ（笑）。余白があるなら1点でもよけいに写真を入れてくれと。欄外ももったいないから、そこにもなるべく文章を入れて。あとは5人がそれぞれ自由にデザインしてもらう。担当ページによって微妙にデザインの感じが違ったりするから、できたときは「文庫サイズなのにごちゃごちゃしすぎ」とか、けっこう言われた。でも、統一感とか美学なんて、どうでもいい。見せたい写真や、読ませたいテキストがそれだけあるのだから。それを読者と分かち合えることのほうが、はるかに大事だから。

そういえば1990年代終わりから2000年代にかけて、ずいぶんタイにハマった時期があって、特にタイの田舎の仏教寺院の、究極にグロテスクな地獄極楽パノラマにすっかり魅せられて、年に何度も通って取材を続けていた。最終的に『HELL 地獄の歩き方〈タイランド編〉』という本にまと

『HELL 地獄の歩き方〈タイランド編〉』（洋泉社、2010年）

まったけれど、それもきっかけはバンコクのホテルで、何気なくパラパラ見ていた現地の雑誌に出ていた、ものすごく小さな写真だった。

もちろんタイ語で、なにが書いてあるかまったくわからない。でも、からだを真っ二つにぶった切られたり、睾丸を野犬に食いちぎられたり、腕に注射器刺したままバイクに轢(ひ)かれていたり……信じられないエログロ・ホラー立体絵巻がそこにあった。びっくりしてホテルのフロントに飛んでいって「これなに！　ここどこ！」って聞いて、「別に大したお寺じゃないし、バンコクから2時間ぐらいかかるし、行く価値ないですよ〜」とか親切なアドバイスを遮って、すぐにタクシーを手配してもらって、行ってみたら打ちのめされた。それがいまから10年以上前のこと。

そういうふうに、ほんの小さな写真や短い文章が、なにかの引き金になることだってある。だから僕はどんなに小さな写真や些細な情報でも、スペースが許すかぎり入れておきたい。

たま〜に美術館で写真の展覧会をやってくれることがあって、そういえば美術館の作品解説も似たようなものかもしれない。気になる作品があって、これはだれが描いたんだろう？　いつごろのだろう？　って、解説をチェックするでしょ。あれ、だいたいすごく小さい。わざとだろうけど。

でも、僕の写真はやっぱり「作品」であるよりもまず「報道」なのだから、写し方じゃなくて、写ってる中身を知ってほしい。なのでいつも学芸員のひとには「なるべく解説を大きく！」と注文をつけていて、２０１０年に広島市現代美術館で『HEAVEN　都築響一と巡る　社会の窓から見たニッ

ポン』という個展をやったときには、極限まで文字を大きく、パネルもでかくしてもらった。最初、担当学芸員は絶句してたけれど、僕にとって展覧会の空間は「立体の本」だから。ひとつずつの壁面を、本の1ページそのままに、画像と文字で埋めていきたいと説明したら、おもしろがってがんばってくれたのが、いまだに印象深い。

余白たっぷりのデザインがぜんぶダメなわけではないし、詰まってりゃいいってもんでもない。一冊の本や雑誌が、なにをどれだけ伝える器であろうとしているのかを見極めること。それがエディトリアル・デザイナーの資質だと思うし、そこには著者や編集者と、デザイナーのコミュニケーション能力もすごく関係してくる。

いまの雑誌って、デザインを外注することが多いでしょう。売れっ子デザイン事務所がいくつかあって、そこに任せとけば安心って。安心だけど、そこに任せるからぜんぶ一緒に見えちゃう。

僕が雑誌の仕事をしていたころは、『POPEYE』も『BRUTUS』も編集部の一角に校正とデザインの部門があって、つまり毎日顔を合わせて、一緒に

『HEAVEN 都築響一と巡る 社会の窓から見たニッポン』展示風景（広島市現代美術館、2010年）

ページを作っていた。撮影にも、ときには取材にも立ち会ってもらって。毎晩、遊びに行くのも一緒で。そしたらこっちがなにをおもしろがっているのか、どんなことをしたいのか、説明しなくたってわかってくれる。そういうのって、すごく大きい。自分の事務所でただ待っていて、「はい、これでお願いします、この写真を大きめで」とか編集者に言われたって、デザイナーもピンとこなくて当然。

だから編集者とデザイナーって、特に雑誌では一緒にいなくちゃダメ。「宅ふぁいる便」じゃ、伝わらないって。

第 2 章

自分だけの編集的視点を養うには?

キュレーターとして、DJとして

そもそも「編集者」とはどんなことをするのか。ざっくり言うと、編集者の仕事は企画を考えて、取材したり作家に執筆してもらったりして、本や雑誌を組み立てること。なかでもいちばん重要な役割は、著者が創作以外のことを考えなくていいようにすることだと僕は思う。

作家をプロデュースなんて、とんでもない。編集者の仕事は、あくまでスムーズに本が生まれるための交通整理。その点で、美術館のキュレーターと編集者は似ている気がする。よく「一緒にいい展覧会を作りましょう！」なんて言うキュレーターがいるけど、勘違いも甚だしい。キュレーターの役割は「一緒に作品を作る」のではなくて、作家が宣伝や経費の心配なんかしないで、制作に全力を集中できるようにしてあげること。それは上下関係ではないけれど、対等でもない。やっぱり、作る人間が騎馬戦の大将で、自分は下の馬。それを忘れると、恥ずかしい勘違いが生まれる。そのうち名刺に「スーパーエディター」とか肩書入れたりして。

昔から大手の漫画雑誌では編集者が漫画家と一緒にストーリーを考えたりするけれど、それってすごくいびつじゃない？ ある意味で漫画家のプロデューサー的な役割だろうけど、作品の本質に関わるようなところまで口出しするのは、本来の編集者の仕事じゃないから。本の中身を考えるのは著者であって、編集者じゃない。若い漫画家たちが、昔ながらの大手出版社の漫画雑誌を敬遠して、自費出版で好きなように作品集を作っては、コミケやネットショップで直売するケースが増えてるけれど、それは当然の流れでしょう。漫画編集者にとっては、自業自得だよね。

音楽でたとえると、ミュージシャンにあたるのが著者で、ＤＪの役割を果たすのが編集者なのかもしれない。ＤＪの仕事が曲と曲をつないで、ひとつの音楽のかたまりを作るように、いろんな記事を組み合わせて、一冊の本に組み上げていく。素材を作るのはあくまでミュージシャンで、編集者は一緒に曲を作るわけではない。

ヒット曲ばかりかけるＤＪって、ありえないでしょ。だれも知らない曲だけをかけ続けられても、踊れないでしょ。だから知名度がいろいろだったり、ときにジャンルがまったく違ったりする音楽を入れて、予想外の展開にしていくのが、フロアを盛り上げることにつながったりする。

そういうＤＪになるには、いろんなジャンルの音楽を聴かなきゃならない。業界御用達じゃないレコード屋を見つけたり、知り合いがだれもいないライブに行ったり、旅先でこれまで聴いたことないような音楽を探したり。自分の世界観を拡張させていくことが、ＤＪにも編集者にもすごく大切だ。

それには金銭的な余裕も必要だけれど、カネだけでもない。

アメリカンカルチャーとの出会い

初めて『POPEYE』で海外取材へ行ったのは１９７８年で、ちょうど成田国際空港が完成したころ。たしか羽田空港から出発して、成田空港に帰ってきた覚えがある。飛行機に乗ったのも、そのときが初めて。うちは親が代々商売をしていて、長い旅行をする機会がまったくなかったから。

初めての海外はニューヨークだったけど、いまとは違ってインターネットがない時代だから、編集部で定期購読してた『ニューヨーク・マガジン』や『ヴィレッジ・ヴォイス』紙とかで、なんとなくおもしろそうなネタをたくさんスクラップしたりしておいて、現地に着いてからイエローページ（職業別電話帳）を片っ端からあたって、取材お願いの電話をすることから始まった。あとはひたすら歩いたりレンタカーでドライブしながら、気になる店を探したり、流行ってる通りの端から端までメモして「ストリート・マップ」みたいなの作ったり。それを編集部では「間宮林蔵」って呼んでいた。「メシ食ったら、間宮林蔵やってきます」なんてね（笑）。『POPEYE』の5年間はほとんど、そんな感じだった。

現地で手伝ってくれるひとたちも最初はいたけれど、とにかく自分で、英語で電話をかけまくって。「日本の雑誌で、おたくの店の写真撮らせてもらいたいんですけど」とか、アウアウしながら電話口でお願いして、「うちは漫画雑誌に載るような店じゃないから」って軽く断られたり。マガジンハウスって、なんであんな漫画のキャラクターばっかりタイトルにしたんだろうって、ずいぶん恨めしく思ったこともある。おかげでぜんぜん実用じゃない英文科英語が、だんだん使えるレベルになったけれど。

『POPEYE』のころは担当編集者にライター、カメラマンとか、少なくとも4〜5人、多いときは7〜8人の大所帯で東京から行って、ホテルやモーテルに何週間も泊まっていたから、ほとんど合宿状態だった。ひと部屋に何人かで寝て、毎日朝から晩まで一緒。携帯もインターネットも、勝手にどっか行けるような足もないから、ひとりになれる時間もプライバシーもない。いま思い返すと、ちょっと異様な感じだったかもしれない。

そんな感じで『POPEYE』で働いてきて、いつのまにかアルバイトから、フリーランスだけど机ひとつもらえる身になって、『BRUTUS』が創刊されて編集部を移ったころからは、だんだん取材チームの人数が少なくなっていった……そっちのほうが、はるかに動きやすいしね。それがだんだん単独行動に近くなって、海外にもひとりで取材へ行くようになっていった。

ひとりで行って、現地に住むカメラマンと仕事する。相手が日本人だったことすら、ほとんどなかったから、仕事はおたがい、つたない英語で。もうひとつには地元の人間がいちばん、その街のことを知ってるから。

とつは、取材の仕事が終わったら、ひとりになれるから。こそこそ悪いことしたいとかじゃないけれど、ひとりで街をゆっくり歩き回ったり、ホテルでのんびりテレビ見たり、そういうほうが心地良く感じるようになっていった。

雑誌でもテレビでも同じだけど、海外取材って基本的にコーディネーターという人間がついてまわる。現地の案内から、取材の手配までやってくれるひと。『POPEYE』のころも、現地の知り合いに手伝いをお願いすることはよくあったけれど、プロのコーディネーターはあまり雇っていなかったと思うし、『BRUTUS』で自分が数十ページの特集をまるごと引き受けるようになってからは、まったくコーディネーターと無縁になった。英語のぜんぜん通じない国で、必要なときだけ通訳を頼むくらいで。

コーディネーターというのはすごく便利な存在だけれど、別の見方をすれば彼らの知っていることしか取材できない。彼らが組んだ予定を消化するだけで、失敗はないだろうが、僕自身がなにかを発見する喜びもない。けっきょく、同じコーディネーターを使ったら、だれでも同じ仕事ができてしまうわけだから。

たとえば半日かかって辿り着いたミュージアムが「冬季休館」だったり、

会うはずのひとがいつまでたっても来てくれなかったり……自分で調べて自分で探したら、失敗も多いけど、うまくいったときの喜びだって大きい。

そういうのは「プロの仕事」のやり方じゃないだろうし、無駄も多いってよく言われたけれど、ひとりで動いて、ひとりで段取りしたら、コーディネーターのギャラもいらないし、予算的にはかえって楽だったりする。

取材するつもりで行った先で、コーディネーターがいないせいでうまくいかなかった。そういうときに、代わりになるネタをなんとか探しだそうと血眼になる。予定していたものとはちがうけれど、そういう「なんにもない場所で、なんとかページを作ること」が、実はすごく好きでもある。だって、大自然は壮大だったり地味だったりするけれど、人間が住んでるところなら、人口が多かろうが少なかろうが、ひとつもおもしろいことがない場所なんて、ないから。ほんとうの予期せぬ出会いは、予想を超えた先にしかないんだし。

だから企画も旅程も、最初からあんまり綿密に決めちゃダメなんだよ。

フリーの自由と不自由

そうやって『POPEYE』と『BRUTUS』編集部に通算10年間いた。でも、前にも話したように、身分はずっとフリーのままだった。1年ごとの契約スタッフですらなくて、純粋に原稿料だけ。

会社の上の人たちともずいぶん仲良くなったので、そのあいだに何回か「社員にならないか?」って誘われたこともあった。かたちだけ試験受ければ入れてやるから、って言ってくれて。そのほうが、もちろん生活は安定する。その代わり人事異動もあるから、『BRUTUS』編集部だったのが、ある日突然『クロワッサン』に、なんてことも当然ある。

それでずいぶん悩んだこともある……と言いたいところだけど、実は大して悩まなかった。いま考えても不思議なくらい。

いまはどうなのかわからないけれど、当時のマガジンハウスは「勤続何年間」で年俸が決まっていたらしく、9時から5時までのデスクワークのひとも、週に何日も泊まりこむ忙しい編集者も、同じ給料だった。僕みたいなフリーの人間は、基本的に社員編集者の下で仕事することになるけれど、社員編集者にはものすごく仕事に熱心なひともいれば、ぜんぜん働かないひともいる。社員食堂で昼飯と夕飯食べて(マガジンハウスは社員食堂が無料だった！）、夜は編集部の隅っこでポーカーしたり、雀荘に行ったりして時間潰して、タクシー券使って帰る毎日、みたいな。だからあのころは社内結婚したら10年以内に家が建つ、とか言われてた（笑）。

そういう「手厚い待遇」の中にいて、働いても働かなくても同じ給料もらえるとなったら、自分はぜったいサボっちゃうと思った。だって、まるで関係ない芸能誌とかから人事異動でこっちの編集部に来て、まったく仕事しない社員編集者とか、たくさんいたから。

あと、こういうことはあまり思い出したくないけれど、マガジンハウスにかぎらず当時の大手出版社って、どこも労働組合がすごく強かった。それで春闘だの団交だの、やたらと組合運動がある。そうすると、きのうまで一緒に仕事していた社員編集者が、いきなり赤いハチマキ巻いて、汚い手書きのビラを壁に貼っていたりする。仲良い上司と部下だったのが、突然、会議室で怒鳴り合ったりする。

夕方になると「組合の決まりで残業禁止」とか言って、社員は編集部からいなくなっちゃう。でも雑誌は休刊にできないから、仕事は山積み。それでフリーやバイトがいつも以上に駆けずり回って、会社のそばの喫茶店とかで

「待機」している社員編集者に、いちいち電話したり、報告に走ったり。それで社員の給料は上がっていくのに、こっちにはまるで恩恵なし。そういう会社の動き方が、ほとほとイヤになった。組合というシステム自体が悪いのではないけれど、いい本や雑誌を作るって、それとは別の世界だろうって。

がむしゃらに10年間働いて、ちょうど30歳にもなるので、ひとつの区切りかと思って、1985年に『BRUTUS』編集部を辞めることに決めた。と、ふだんのインタビューでは話してきたし、「区切り」というのはそのとおり。でも具体的にはふたつ理由があった。

ひとつは、これまであまり話したことはなかったけれど、ギャラの問題だった。『BRUTUS』時代の後半はほとんどひとりで、何十ページかの特集を作っていたから、仕事量からしてものすごく大変、年に3〜4冊しかできない。それで単純に「このページは何百字だからいくら」とか原稿料で計算されてしまうと、ぜんぜん努力に見合わない数字にしかならない。そうやって苦労しているよりも変な話、毎号、映画や音楽の新譜とかの小さな紹介記事を、広報資料丸写し状態で何本も書くほうが、トータルするとだんぜん儲かっちゃう。そういうのっておかしいと思って、何度か交渉してギャラ・アップしてもらったけれど、何度目かに、もうイヤになってしまって。

　それである日、「もう辞めます」となったら、そのときの交渉相手だった編集長に「じゃあ辞める前に、お前の取材ノウハウと仕事相手のリストを新人に教えてってくれ」と言われて、がっくりきたのをいまだによく覚えてる。それって、徹底的に会社員の発想でしょ。フリーはその「ノウハウ」こそが財産なのに。

　あともうひとつは、「雑誌には寿命がある」ということ。『POPEYE』も『BRUTUS』もまだちゃんと続いているから、寿命というのも変だけれど、雑誌というのはだいたい3年ぐらいで一巡する気がしてる。だから『POPEYE』を立ち上げたときの編集長は、そのときの社長に「3年は黙って見ててくれ」と頼んだって言っていたそうで、いまどきの出版社なら3ヶ月も待たないだろうけれど……。それで3年経つと安定してきて、4〜5年目からは過去のヒット企画のリピートが出てくる。それがよくない、というわけではないけれど、リピート企画は同じスタッフが作っちゃダメだ。同じものしかできないから。だから5年くらいで新陳代謝するのがいい編集部なんじゃないかと、僕は体験的に感じるようになっていた。

立ち止まってみること

『BRUTUS』編集部を辞めて、といっても大ごとにしたくなかったから、だれもいない日曜日に編集部に来て私物をまとめて、連絡先の名刺を机の上に置いて、おしまい。涙の送別会とか、ぜったいイヤだった。

それでしばらく千駄ヶ谷に小さな仕事場を借りて、フリーライターとして働いているうちに、ちょっとしたきっかけで京都に遊びに通うようになって、そのうち東京より家賃が安いのに気がついた。当時はFAXで原稿のやりとりしていたから、なにも東京にいなくてもいいだろうと。それで京都にマンションを借りて、2年ほど住んでみることにした。都内では何度か引っ越ししていたけれど、東京以外に住んだのは、それが初めて。

大して仕事もなかったけど、時代はバブル前夜で景気がよかったから、単発の仕事がけっこうあって、そんなに焦って働かなくても暮らしていけた。で、京都大学の聴講生になって、1年目は日本建築史、2年目は日本美術史の授業だけ参加させてもらうことにした。週に一度、ママチャリで京大に通って講義を聞いて、その日の授業で話に出た神社仏閣や博物館をそのままチャリで回ってみて。1メートル以上ある大きな京都の地図を買って部屋に貼って、訪れた場所にピンを刺して……いまから思えば夢のような。でも、あれが僕の人生のギアチェンジだったかな。一度立ち止まって、まわりを見直すいい機会になったというか。

バブル時代は、語り始めればキリがないけれど、東京から遊びに来るひと、海外から来るひともたくさんいて、そういうひとたちと祇園や先斗町みたいな場所や、ヒッピー時代のなごりのような飲み屋とかで楽しく遊んでいるうちに、京都書院という老舗の地元出版社と知り合って、それが『ArT RANDOM』という全102巻の現代美術全集に結実する。僕にとって初めての単行本の編集経験だった。

雑誌時代に現代美術の取材を重ねていくうちに、日本の美術メディアがすごく時代に遅れていること、それに海外でも若手のアーティストはなかなか発表の機会や、カタログ以外のアーティストブックを自分で作るチャンスがないことを知って、「ほんとうにいまの」現代美術を、分厚い高価なカタログなんて買えない同世代の若い子たちのために紹介したくなっていた。

『ArT RANDOM』はCDやLPレコードと同じ感覚で買ってもらえるように、値段も1980円とかなり安くして、美術カタログでいちばん不要だと思われる、あの長ったらしい解説文をなしにして、作品だけをきっちり紹介する。荒っぽく扱ってもいいように、子どもの絵本みたいなハードカバーで頑丈な作りにする、そういうコンセプトでスタートした。

アーティストの選定は僕だけではなくて、それまでに知り合っていた欧米の若手美術ジャーナリストや新米キュレーターにも頼んで、「5冊、好きなもの作っていいから」みたいに任せた巻もけっこうある。限界まで値段を安くしたかったから、アーティストには初版の印税を低く設定させてもらって、その代わりにできた本を100冊あげる、というふうにもした。アーティストにしてみたら、ほんの少し印税を振り込んでもらうより、もらった本を展覧会で売ったほうが、ずっといいからね。

102冊の中には日本の作家も何人か入っているけれど、欧米の作家がやはり多くて、それはなかなか知る機会のないひとたちを紹介したいという理由のほかに、日本の美術館がまるで非協力的だったこともあった。作品写真の貸出をお願いしても「なんですか、それ？」みたいな感じで。

作家のなかには、たとえばキース・ヘイリングとかジャン＝ミッシェル・バスキアとか、シンディ・シャーマンとか、すでに欧米の現代美術界では有名になっていた作家もいたし、ヴィンセント・ギャロみたいにそのあと有名になるひとも、ラメルジーみたいに、有名になったのにそのあとも作品集が出ないままだったひとも、若くして死んでしまったひとも、いろいろいた。かなりの有名アーティストでも、展覧会のカタログはもちろん出せても、48ページとはいえ好きに作れるアーティストブックって、なかなか実現できなかったようで、意外なほど多くのひとたちが協力してくれたプロジェクトだった。あとになるけれど、実は全102冊を1500ページぐらいの文庫版3冊組で復刻しようという企画があって、ダミーまで作ったところで京都書院が倒産。けっきょく実現できなかったから、いま『ArT RANDOM』は古書店でまめに探してもらうしかない。

基本的にはアーティストひとりで1冊だったけれど、何冊かはテーマでくくった誌上グループ展みたいな巻もあった。たとえばそのひとつで出した「アウトサイダー・アート」は、このジャンルとしては日本で出版された最初の一冊だったと思う。ヘンリー・ダーガーの作品も、これが日本では初めて紹介された機会だった。

102冊もあるから、1冊ずつの思い出はとても語り尽くせないけれど、印象に残っている出来事のひとつは、このとき初めてMacを導入したこと。それまではちゃちいワープロしか使ってなかったから。

『ArT RANDOM』は京都時代に僕が編集、宮川一郎さんという友人のデザイナーがデザイン、というふたり体制で作っていて、基本的に日本語・英語のバイリンガルだった。大した量のテキストは入ってなかったから、そんな体制でもなんとかなった。

当時はまだデータ入稿ではなく写植の時代で、そうすると英語の写植というのが、お金も時間も非常にかかる。著者は世界中に散らばっているから、校正のやり取りも大変だし。

それで発売されたばかりのパソコンを導入すれば、日本語と英語をシームレスに使えるかと思って、最初のMacintosh Plusを買った。たしか50万円くらいしたはず（それからいろいろ使ったMacは新機種と入れ替えに次々廃棄しているけれど、これだけはまだ捨てられずに持っている）。当時は京都でMac

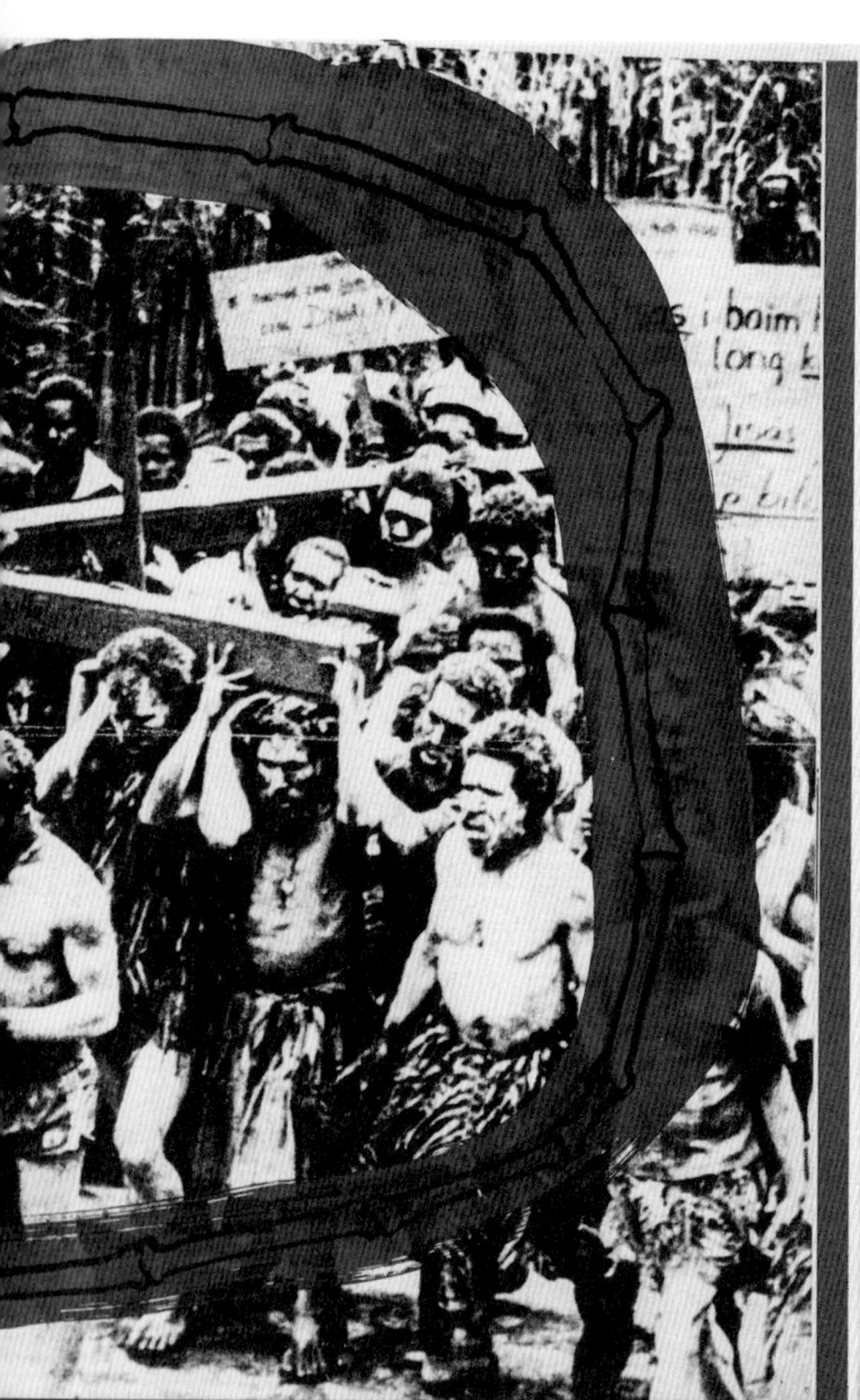

『ArT RANDOM 6 KEITH HARING』（京都書院、１９８９年）

drale Saint-John de New[...]
siens sont pourtant loin d'être coincés [...] ramment la liturgie la plus progressiste, la lecture [...] la danse symbolique. Mais la nudité de cette Jésus-Christ, pas question. L'auteur du crucifix, Edwina Sandys, est la petite fille de Churchill. Elle n'a plus qu'à chercher une maison de Dieu plus accueillante.

CES PAPOUS NE MANGERONT PAS LE PAPE

Ces guerriers Papous, accompagnés de leurs cochons, ont traversé la jungle de Nouvelle-Guinée en portant une croix de six mètres de haut. Ils ont construit des ponts lorsque les rivières leur barraient la route, franchi des cols montagneux à plus de trois mille mètres : tout ça pour entendre Jean-Paul II leur lire la prière en anglais pidgin, l'anglais des papous. La veille de l'arrivée du pape, un journal local titrait : « N'aie pas peur, mon aimé Jon Pol, nous ne te mangerons pas. » J.-C. N.

U.P.I.

が買える店って、キヤノンの事務機部門しかなかった。もちろんフロッピードライブのみで、Mac用外付けハードディスクなんて、まだ世の中に存在すらしていない。フロッピーを何十枚もがちゃがちゃ抜き差ししながらの作業。プリンターだって、

(detail) watercolor 48.2 x 122 cm.

ちょっとあとに出た最初のレーザープリンターはもちろんモノクロだけで、A4までしか出力できなくて、それで100万円ぐらいした、そんな時代だった。

発売された瞬間にMacはすでに革新的だったけれど、そこでまたいろいろ言うやつがいるわけ。「パーソナルコンピュータは、ただ便利だからという理由で使うものではありません、新たなツールが新たな思考を生むのです」なんて。カチンと来たね〜（笑）。

そういうこと言うひとは、たいてい大学の先生だったり、企業の研究者だったりする。ちゃんとお給料と研究室もらって、それでそういうことを言

They try to get away with the enemys plans and some valuable jewelery belonging to themselves, after settir fire, thousands of tents, causing the wildest confusion..........(detail)
watercolor 55.9 x 109.2 cm. collection Nathan Lerner

『ArT RANDOM 50 Outsider Art』（京都書院、1989年）

う。でもこっちは、なんとか少しでも写植代を減らして、安くいい本ができるようにという、もっともっと切実な理由で、身銭を切って導入してるわけ。崖っぷちまでの近さが、ぜんぜんちがうから。

それって大学で「美術は死んだか」とか悠長に議論してる御大作家や評論家先生と、まるで一緒でしょ。ごちゃごちゃ言ってるあいだに、1枚でも多く絵を描けって。あのあたりでもう、自分のアカデミズム嫌いが決定的になったのだった。

カネがないからできること

京都で2年間暮らして、いろいろ知り合いや仲良しの店とかができてくると、「このままいたらヤバイな」と思うようになった（笑）。贅沢言わなければ生活費はけっこう安いし、学生向けの気楽に入れる居酒屋はたくさんあるし。そういう店で毎晩、友達と「おもしろいこと、やりたいねえ」とか言いながら飲んでるうちに、すぐ10年ぐらい経っちゃう。実際、そうやって居着いちゃった外国人のオールドヒッピーとか、自称アーティストのおっさんとか、いっぱいいたし。

それで3年目に東京に帰って『ArT RANDOM』の残りや、ほかの単発仕事をしているうちに、自分よりずっと若い友達がたくさんできていった。当時はファッション業界の知り合いが多かったから、そういうところから広まっていったのだけれど、業界の底辺で働いているような子たちはみんな、カネがないでしょ。ま、自分だって当時は30歳そこそこだったけど。で、そういう子たちとメシ食って、2軒目どっか行く？ となったときに、けっこう「部屋で飲みましょう」ってなる。そっちのほうがカネかからないから。

そうやって若い子たちのアパートに行くようになると、もちろん狭い部屋だし、オシャレな洋服とかはあっても、オシャレなインテリアとは程遠かったりする。でも、そういうところでちんまり飲んでるのが、なんだか居心地良くなってきた。雑誌から抜け出てきたような、贅沢なリビングルームで飲んでるよりも、ずっと。

それで彼らの生活を聞いてみると、「週に2日バイト、残りの5日間はスタジオで練習」とか「ちょっとモデル仕事、あとは絵を描いてます」とか、すごく興味深い。

そういう子たちって世間的には「負け組」になるのかもしれないし、親御さんからは心配されるかもしれないけれど、ある意味すごく「健全」だなって、だんだん思うようになっていった。大した収入はないけれど、ほんとうにイヤなことはしないで生きる。無理して高い家賃の家を借りて満員電車で通勤するよりも、無理ない家賃の狭い部屋で、仕事に行くのも遊びに行くのも徒歩か自転車で済ます。家には書斎もダイニングルームもないけれど、すぐそばに図書館や、お気に入りの本屋や友達のカフェやバーがあるから、街を部屋の延長にしてしまえばいい。

そういう部屋と、そういう暮らしを、たとえば10軒探して記事にしたら、それは「汚い部屋をおもしろがってる」くらいで終わってしまうだろうけど、100軒集めてみたら別の意味が出てくるんじゃないか。それが『TOKYO STYLE』が生まれて、僕が写真家になるきっかけだった。

これには実は前段階があって、当時は「なんとかSTYLE」っていう、オシャレなインテリア写真集が、世界中ですごく流行っていた。『PARIS STYLE』とか『MIAMI STYLE』とか。その一連の「スタイル写真集」の著者にスザンヌ・スレッシンというニューヨークの有名なジャーナリストがいて、彼女が今度は『JAPANESE STYLE』を作りたいと。それでイギリスのアートディレクターと、フランスのカメラマンと3人で東京にやってきて、撮影できる家を探す役を僕が頼まれた。彼女は知り合いの知り合いだったし、それまで『BRUTUS』でずいぶんいろんな家を取材してきたから。

それで彼女たちのおメガネに叶うような、オシャレな家をいろいろ探したけれど、とにかくものすごく大変で。ただ金持ちなだけではダメ、「スタイル」がないと載せられないから（笑）。

そこでいろいろ伝手を辿ったり、ペコペコ頭下げたりしながら、考えるようになった、なんでこんなに難しいんだろうって。それは僕に金持ちの知り合いがあまりいないから、というのもあったけれど、それよりも「こんなふうにかっこよく住んでるひとって、僕らが思う以上に、実はほんのひとにぎりなんじゃないか」って。数が少ないから、探すのが大変なんだと。

「STYLE」って、日本語にしたら「様式」だ。様式というのは、たくさんあるから様式になる。ちょっとしかなかったら、それは様式ではなく「例外」。だから僕らは「日本の様式」ではなくて、知らず知らずのうちに「日本の例外」を作ろうとしてたことになる。

では例外じゃない、ほとんどのひとたちはどんなふうに暮らしているのか。それが東京の若者で言ったら、僕がそのころ親しむようになった「狭いながらも楽しく暮らしてる」人間たちのライフスタイルだった。

それまでも日本の部屋の狭さは「ウサギ小屋」とか言われて、後進性の象徴となっていたけれど、僕が知り合った若者たちはみんな、狭さを苦になんかしていなかった。無理な仕事で広い部屋を手に入れるより、無理ない仕事で狭い部屋に暮らすほうを、本能的に選んでいたのだった。

それで、こんどはほんとうのジャパニーズ・スタイル本を作りたい！と激しく思うようになって、知り合いの出版社に片っ端から持ちかけてみた。そのころは自分で写真を撮るなんて想像すらしなかったから、どこか出版社と予算がつかないと、写真集なんて実現できないと思い込んでいて。だって建築やインテリアの写真って、すごく専門的で難しそうに見えたし。

で、片っ端から断られた。「そんな狭い部屋ばっかり、どうするの？意地悪すぎじゃない？」みたいに。

それでいちどは諦めた。自分ひとりじゃ無理だろうって。でも、酒飲んで忘れて寝ようとしても、忘れられない。布団の中で「こんなページができたらどうだろう、あの部屋も入れたらいいんじゃないか」と考え始めると、ウズウズしてきて眠れなくなった。

そういう日が2〜3日続いて、ついに我慢できなくなって、ヨドバシカメラに駆け込んだ。「素人でも使える大型カメラのセットください」って、買ってしまった。経験ゼロなのに。

とりあえず、友達のカメラマンにフィルムの入れ方だけ教わって、クルマを持っていなかったので、中古スクーターの足元にカメラバッグを置いて、三脚を背中に背負って、走り始めた。通常のインテリア撮影で使う大型の照明機材は高価で手が出なかったし、だいいち原チャリの足元にも置けなかったから、ランプをひとつだけ買って、カメラバッグに押し込んで。

当時はまだフィルムの時代だったから、最近のデジカメのように高感度でもきれいに撮れる、なんてわけにはいかない。ストロボもないから、暗いままで撮る。ということは、露出時間が30秒とか1分とかになる。明治時代の写真みたいに（笑）。で、どうしても暗すぎるときは、途中で5秒とか10秒とか口で数えながら、手に持ったランプをゆっくり振り回して、明るさの足しにして。だから本になったときに「部屋の主が写ってないのが、逆に想像力をかきたてる」とか評してくれたひとがけっこういたけれど、写したくなかったんじゃなくて、実は写せなかっただけ（笑）。1分間じっとしてて、なんて言えないでしょ。

そんなふうに、プロが見たら失笑しかない機材とテクニックで、とにかく撮りまくった。完全に独学だったから、失敗もものすごく多かったけれど、そしたらもういちど撮りに行けばいいことだし。依頼原稿を書きまくって、カネができたらフィルムを買って。

そうやって3年近く撮影を続けて、100件近くなったところで『ArT RANDOM』を出した京都書院に無理やり頼んで、本にしてもらったのが『TOKYO STYLE』だった。当初の思惑どおり（笑）、『JAPANESE STYLE』とかのオシャレ・インテリア写真集とまったく同じサイズにして、豪華っぽいハードカバーにして。書店が間違えて一緒に並べてくれるようにって。ほんとに間違えて買って、唖然とした外国人観光客もけっこういたみたい（笑）。

最初のハードカバーの版が1993年に出て、その定価がたしか1万2000円！　写真集の中には、それより安い家賃の部屋に住んでるひとも出てくるのに！　完全に頭おかしいと思われて、だれも売れると思わなかったろうけれど、意外にも話題になった。それから時を経て、おもに海外で流通させるためにペーパーバック版の大型本が出て、文庫版も出て、そこまではいいけれど、それから京都書院が倒産して、ずいぶん経ってから文庫版がちくま文庫から再発売されて……と、この本はずいぶん変遷があって、いまも見るたびに懐かしさがこみ上げてくる。あれから写真は少しはうまくなったかもしれないけれど、いま、あんなふうに、なにも考えずまっすぐにカメラを向けられるかなって。

「無理やり本にしてもらった」と言ったとおり、実は印税がものすごく安くて、たしか3％だった。しかも撮影させてくれた若者たちは、そんな高価な本はだれも買えない。それで初版の印税分をぜんぶ回して、１００冊ちょっと自分で買って、池尻のクラブを一晩借りて「リリースパーティ」を開いてみた。撮影させてくれたひとたち全員を招待して、一冊ずつ差し上げて。それがすごくおもしろかった！

だって、自分の部屋は写真を見ればわかるけれど、本人が写ってるわけじゃないから、ほかのページの部屋の主が、だれなのかはわからない。それで本を開いて、「このページの部屋、どのひとですか？」なんて聞かれたりする。なんで？　って尋ねると、「ずっと探してたレコードが写ってるんです！」とか言われて。そうやって、あのパーティで知り合った人たちもけっこういたはずだ。それで初版の印税はチャラになって、そのあといろいろ版を重ねたけど、「もう少し入金を待ってくれ」とか言われてるうちに出版社が倒産、数年後にちくま文庫版が出るまで、『TOKYO STYLE』は印税を一銭も払ってもらえなかった。カリフォルニアの出版社から英語版も出ているけれど、その印税も京都書院に取られてしまったし。

いまとなってはいい勉強をさせてもらったと思うけれど、あのときから契約とか、お金の面もきちんとしなくちゃと思い始めた。それまでは雑誌の原稿料がほとんどだったから、いちいち交渉とかいらなかったので。それに、作り手が自分でギャラ交渉とか、カネの話をするって、なんかイヤでしょう。

僕もそうだったけれど、好きなひとはあんまりいないはず。相手にどう思われようと。言い出しにくかろうと、ちゃんとしておかないと、あとで不愉快な目に遭いかねないということをつくづく思い知った。いきなり原稿料とか印税とか、カネの話を持ち出すと、編集者や出版社が気分を害するんじゃないかと心配するかもしれないけれど、カネの話をされて機嫌が悪くなるような出版社はロクなもんじゃない。そういうところとは仕事しないほうが安全だから、カネの話がいい事前チェックになるかもしれない。考えてみれば、世の中のほとんどの仕事では、最初に「これでいくら」って決めるのが当たり前だし。

もうひとつ、『TOKYO STYLE』が『JAPANESE STYLE』とちがったのは、事前の交渉とかアポとかがほとんどいらなかったという点。

お金持ちのお宅を撮影するのって、けっこう大変なことが多い。「ここから先は撮っちゃダメ」とか、明らかにいつもは置いてないような生花や果物山盛りの鉢が飾られて、その代金を請求されたり、掲載前の写真チェックを要求されたり。

でも『TOKYO STYLE』の場合は、ほとんど行き当たりばったり。だれかひとりと知り合ったら、そこからどんどん輪が広がって、ひとつも苦労しないまま、次々に撮影させてもらえる部屋が見つかっていった。それで「これだけたくさんあるからこそ、探すのが簡単で、だからスタイルと呼べるんだ」と確信できた。

たとえば初対面のひとの部屋に行くとする。四畳半ひと間とか、六畳とか、どうやっても画面に入ってしまうから、1000円ぐらい渡して「悪いけど、これで2時間くらいお茶でもしてきて」とか頼んだり。で、「いいっすよ！」ってことになるけど、初対面だよ（笑）。で、相手が女の子だったりもして。もちろん、クローゼットや洗濯物カゴを漁ったりはしませんけど。

こちらが汗だくで撮影してるあいだに、入口脇の30センチ角みたいな水場でガタガタやってて、なにしてるのかと思ったら「スパゲッティ茹でたんだけど、食べません？」とか。撮影が終わって「このアパートでほかに友達いない？」って聞いたら、「あ〜、隣も知り合いなんで、行ってみましょう」となって、ドアを叩くも応答なし。留守だけど「あいつ鍵かけてないから、撮っちゃっていいすよ、あとで言っときますから」なんてことすらあった。そういう無防備さというか、無邪気さというか、優しさというか。それがすごく新鮮で、ポジティブで、僕の目を見開かせてくれた。こっちも邪心を隠して撮影するのではなくて、「こういうのも素敵だ！」と思って撮影するのだし、そういう気持ちって口に出さなくても伝わるんだなって。

書籍にはよく、読者カードがついている。ああいうのって、ふつうはなかなか返ってこない。プレゼント企画とかあれば別だけど。でも『TOKYO STYLE』は、読者カードが意外なほど返ってきた。

特に目立ったのが地方の若い読者からで、「東京ってこういうところだったんですね！　安心しました」みたいなメッセージが多かった。当時はトレンディドラマ全盛期で、テレビに出てくる「東京の若者の部屋」はみんなフローリングのワンルームに、でかい床置きテレビとかがある、みたいなウソ丸出しのインテリアだったし、『ホットドッグ・プレス』のような雑誌が「こういう部屋じゃないと、女の子は遊びに来ない」なんて煽り記事を垂れ流していた。

それで地方の子たちは「こんな生活、私にはとても無理」って諦めていたのが、「実はこうだったんだ！」って。「これなら私のほうが勝ってる」から、「もう、すぐ東京に行くことにします！」とか書いてあって、「ちょっと待て」みたいな（笑）。

ネットでこれだけ情報が行き渡って、イケアみたいにかえって地方のほうが安価でオシャレなインテリアを手に入れやすかったりする現在では考えにくいけれど、当時は東京と地方にはまだ情報伝達の時間差が確実にあった。そうして、メディアが取り上げる例外的な「東京」が、いかに美化されたウソなのか、それが地方の子たちに、いかに無用な劣等感を植えつけているのかが痛感できた。そういう「大手メディアの欺瞞（ぎまん）」にこのへんで気づいたことが、僕にはすごく大きなことだった。

『TOKYO STYLE』は僕にとって最初の写真集だったし、編集だけではない、初めて著者となった「まるごと自分の本」だったけれど、これがすごく難産で、最終的にすべて自費で、自分で撮影するしかなかったのが、僕の編集者人生でも最大の転機だったのかもと、いまでは思う。

もしあのとき、この企画がどこかの出版社に拾われて、カメラマンを雇えて、雑誌の連載とかになっていたら、いまここに僕はいない。だから『TOKYO STYLE』は僕のまさしく原点だし、道具も技術も予算もなくても、周囲の賛成がなくても、そんなのは問題じゃない。好奇心とアイデアと、追いかけていくエネルギーだけが溢れるほどあれば、それ以外のものはあとからついてくる。そういう確信が生まれた本だから。

第3章

なぜ「ロードサイド」なんですか？

隣のリアルがおもしろい

雑誌でもテレビでもそうだけど、「ふつうにないもの」を取り上げるのがふつうでしょ（笑）。すごく豪華な家だったり、旅館だったり、メシだったり、女だったり。ふつういないようなイケメンだったり、一生乗る機会のないクルマだったり。それはそれでいいけれど、そんなひとも、そんなふうにカネを使えるひとも、自分の友達にはひとりもいない。

そういうときに「あっちはあっち、こっちはこっち」と割り切って見ていられたらいいけれど、往々にして「自分はこんなふうにとてもなれない」って、劣等感を抱きがちだったりする。その構造がすごく腹立たしい。

『TOKYO STYLE』のときにちょっと話したけれど、たとえばかっこいい部屋の写真が雑誌に出てて、「モテる男の部屋」みたいに紹介されていたとする。インテリアだって着こなしだって、クルマ選びだって同じだけど。

そういう記事を見て、じゃあ自分の部屋を見回してみると、「あ〜あ」ってなるでしょう。そんなかっこいい部屋に暮らすほどの収入はない。ならば、ということでワンポイント贅沢とか言って、高価なソファを買ってみたりする。そうすると家具屋は売れ行きが上がるから、その雑誌にまた広告を出す。そしたら雑誌も儲かって、また同じような記事を作る。悪い言い方をすれば、読者をカモるサイクルがそうやって完成することになる。それが100％いけないとは言わないけれど、そのサイクルから外れたところで楽しく気持ちよく暮らしてる人間もいて、もしかしたらそういうひとたちのほうが世の中には多いかもしれない。僕はそういう「別の可能性」を見せてあげたいだけ。そしてそれは「スペシャルな場所」ではなくて、「ロードサイド」にしかない。どこにでもある、という意味で。

インテリア雑誌に紹介されるような部屋の住人って、ほんとは少数派だ。毎朝毎晩、服や靴選びに凝りまくるファッショニスタ（笑）だって、毎晩の夕飯に選び抜いたワインがないとダメ、みたいな食通だって少数派だ。多数派の僕らは、どうしてそういう少数派を目指さなくちゃならないのだろう。

どうして、ほかのひとより秀でてなくちゃならないのだろう。

日本を見渡してみれば、国土の90％は「地方」だ。国民の90％は金持ちでもないし、ずば抜けて容姿に優れてもいない。でもメディアは、残りの10％にしか目を向けようとしない。それがなぜなのかを、僕はそのころからずいぶん考えるようになった。

メディアの垂れ流す虚像の外側にある広大なリアリティ。その豊かさに、『TOKYO STYLE』の取材の過程で、初めて触れられたという実感があった。そこから僕の目指す方向が、だんだん見えてきた気がする。

泳ぐから捕まえてもらえる

『TOKYO STYLE』の次に目を向けることになったのは、地方のロードサイドだった。当時『週刊 SPA!』（扶桑社）の編集長と飲んでいて、「日本の田舎って、でかいカエルのオブジェみたいな、変なものあるよね」という話で盛り上がり、そういうの集めてみたらおもしろいかも、くらいのほんとに軽いノリで、「珍日本紀行」という連載が1993年にスタートした。

インターネットが存在していない時代だったし、そんな趣味のガイドブックも一冊もなかったから、地方の珍スポットがどれほどあるか、最初は想像すらできなくて、「まぁ3ヶ月ほどは」みたいな短期連載の予定だったけれど、いざ取材にとりかかってみたら、もう……。すごいわけ、いっぱいあって。

それまで『POPEYE』でも『BRUTUS』でも、僕はおもに海外担当みたいなところがあったから、日本のことは京都のような有名観光地と、スキー場くらいしか知らなかった。だからなにも情報のない、行ったこともない地方を巡るのは、「日本語の通じる外国」くらいの刺激があった、ほんとに。別に地方をバカにしてるとかではまったくなくて、それだけ驚きがあったということ。秘宝館なんて、それまで存在すら知らなかったし。車の「代行」というサービスだって東京では見たこともなかったし。

それで夢中になって取材を続けるうちに、気がついたら5年経っていて、その連載をまとめたら『ROADSIDE JAPAN 珍日本紀行』という、これもすごく分厚い大判の写真集になった。さらに雑誌連載が終わってからも自分でコツコツ取材を続行して、2000年に出た2分冊の増補改訂文庫版では、たしか100ヶ所以上、取材物件を増やしているはず。ちなみにこの写真集を作ったときは、デザインも自分でやらせてもらった。それまでデザインの経験はゼロだったけれど。それは自分でやりたい！ というよりも、ひとつひとつの場所について説明するのが大変すぎたし、僕の感覚をわかってくれるデザイナーがいるかどうか、まだ不安だったこともあった。そのころにはMacで使えるデザインソフトもずいぶん出ていたので、案ずるほど困難ではなかった。常識はずれの指定だらけで、印刷会社にはずいぶん迷惑をかけたかもしれないけれど。

『TOKYO STYLE』は原付で東京中を移動していたけれど、地方となるとそうはいかない。なので友人に中古車屋を紹介してもらって、「とにかく国産で頑丈でいちばん安いのください」とお願いして、マツダのなんとかいうセダンを12万円で売ってもらった。そしたら中古車屋のおばちゃんが、駐車場から出すときにちょっと擦ったから10万でいいよって（笑）。それからいろんなクルマを乗り継いできたけど、いまでもあれがいちばん懐かしい。カーステレオはついてたものの（カセットだけ）、スピーカーのコーンが破れていて、それでジミ・ヘンドリックスとかかけると、いい感じだった！

当時はカーナビも発売されたばかりで、高くてとても手が出ない。なので道路地図をお腹とハンドルのあいだに挟みながら、東北だろうが九州だろうがとにかく走り回った。とりあえず「今月は石川県あたり」みたいな、だいたいのエリアだけ決めて、そこまでは高速を使うけれど、あとはひたすら一般道。じゃないと、なにも見つからないから。

いまだったら新幹線か飛行機で行って、現地でレンタカーを借りれば済むけれど、当時はレンタカーも安くなかったし、だいいちまだフィルムカメラの時代だったから、4×5の大型カメラから一眼レフまで、持ってる機材をぜんぶトランクに入れて、フィルムもいっぱい買ってクーラーボックスに詰めて、それでどこまででも自分のクルマで行っていた。長距離のときは高速のサービスエリアで仮眠して。

当時としても、一般週刊誌の取材でそういうやり方は異例だったはず。締め切りが厳しいから、編集者とカメラマンとライター、みたいなチームを作って、事前にいろいろ計画を立てて回るのがふつうだったろう。でも、だれもやったことのないネタだから、計画は立てられないし（地方の旅行ガイドなんて『るるぶ』くらいしかなかったから）、日程もわからない。だからプロ・カメラマンを雇うこともできない。でも、自分ひとりで旅に出て、ひとりで運転もして、写真も撮って、文章も書くなら、なんとかなる。そういう純粋に経済的な理由で、写真も文章もひとりでやったのだし、それからもずっと、僕の仕事はだいたいそんなふうになっている。

「やっぱりぜんぶ自分でやるのはコダワリですか？」と、よく聞かれるけれど、それはまったくちがう。きちんとトレーニングしたわけではないから、いまだに写真は「撮れてるかな？」と心配だし（特にフィルム時代はそうだった）、本心を言えば出張の段取りや写真撮影はだれかに任せて、自分はインタビューや、次に行く場所のリサーチに専念したい。でも、チームで動く予算はないけど、ひとりならできるのであれば、それでやるしかない。よくいままで、居眠り運転で死ななかったと思う、ほんとに。

『TOKYO STYLE』は撮影物件を探すのがすごく簡単だったけれど、『ROADSIDE JAPAN』は週刊誌の締め切りに間に合うように、ネタを集めるのがとにかく大変だった。フィルムで撮影しているから、東京に帰って現像する時間も必要だったし。

テレビの旅番組だと、地元の料理屋のマスターや旅館の仲居さん、各駅停車の車両に乗り合わせたひと（笑）、そういうひとたちが「あそこ、おもしろいですよ」って教えてくれたりする。僕も最初はそういうのを信じて……はなかったけど（笑）、でもいろいろ聞けると思って、たとえばビジネスホテルではなく古そうな旅館に泊まるとか、工夫したこともあった。

当時の旅館は、ひとり旅の客を嫌がる傾向が強かったけれど、まあ地元の観光案内所とかを通して、無理やり泊めてもらう。で、食事を運んできた仲居さんと話す。


「このへん、どっかおもしろいところありますかねえ？」

「やだ、お客さんエッチ！」

「いや、そういうんじゃなくて！」

「じゃあどういうとこがいいんですか？」

「たとえば……秘宝館とか」

「やっぱり！」

みたいな感じで、ぜんぜんダメ。

考えてみてほしい。もし、実家の3軒隣に秘宝館があったとする。でもお母さんから「あそこは行っちゃいけません」って20年間言われ続けてきたとしたら、もう見えていない、君の目には。それは存在しないのと同じこと。だから、地元のひとがその地方にいちばん詳しいとはかぎらない。東京はいろんなところの出身者が集まる場所だけれど、そういうひとに聞いてもやっぱりわからない。自分の地元がつまらないと思って、苦労して東京に出てきてるんだから。

最初に三重県の鳥羽の秘宝館に行ったときのことをよく覚えている。場所がわからなくて、駅前の観光案内所で秘宝館ってどこですか？　って聞いたら、「さぁ〜」とか言って話にならない。おかしいなあと思って歩き出したら、もうすぐそこにあって！　知らんぷりするんだね、自分たちにとって誇れる名所じゃないから。

だから取材を始めてすぐに、地元の人間を当てにするのはやめた。旅館ではなくビジネスホテルに泊まるようにして、食事もぜんぶ外で済ませて、ひたすら自分の足で見つける。ホテルのカウンターの脇に置いてある、観光スポット・チラシの類を片っ端から集めたりもして。

取材できるところが見つからないと帰れない。「明日には東京に帰ってないと間に合わないのに、ぜんぜん見つからない！」って危機もけっこうあった。それで絶望的な気分になりつつ国道をひたすら走る。と、最後の最後になって「5キロ先、純金大仏！」なんて看板が出てきたりする。

最初のうちは自分がそういうの探すの、けっこう上手いのかもとか思ったりもした。でも、そんな予期せぬ出会いが何度も何度も重なるうちに、ある日悟った――これは自分が探し当てているんじゃない、相手に探し当てられてるんだ。自分は見つけてるんじゃなくて、「呼ばれてる」だけなんだって。ヘンなこと言うみたいだけれど、ほんとにそんな気持ちになってきた。

そういう純金大仏の寺とかに行くとする。もちろん、客なんていない。がら〜んとした境内にカメラ下げて立ってると、なんだか背中をどつかれる気分になる。「俺もやってんだから、お前も行けよ！」って、声にならない声で。

ただ立ち止まってるだけでは、出会いはやってこない。夕方、ぐにゃぐにゃの山道の運転に疲れて、もう30分も走れば温泉街があってゆっくりできる、というタイミングで、道端の電柱に「郷土の天才画家・個展開催中　無料！」なんて手書きの捨て看板が縛りつけてあったりする。

チラッと横目で見て「どうせハズレだろうな〜」とか、山道でUターンする場所もないしとか自分に言い訳しながら、このあと待ってる風呂とメシのことを考える。でも、5分ぐらい経って、どうしても気になって、無理やりUターンして戻ってみる。もちろん99％はハズレなのだが、1％の幸福な出会いもある。そういうチャンスはつねに、いちばん寄り道したくない、絶妙のタイミングで現れる。そこで「ハズレだろう」と思いながらも、溜息まじりでUターンできるかどうかの勝負。

「おもしろい場所を見つけるコツってなんですか？」ってよく聞かれるけど、走り続けるだけだ。コツなんてあったら、こっちが教えてほしい。

『ROADSIDE JAPAN』は本屋では写真集か旅行コーナー、サブカルの棚に置かれていたこともあった。『TOKYO STYLE』のほうはインテリアの棚が多かった。「すてきな奥さんの収納術」みたいな本と並べてあったり（笑）。それはしょうがないけれど、僕の中ではこの2冊は完全に同一線上にある。

すごくふつうで、メディアからしたらなんの取り柄もないかもしれないけれど、そこにはちゃんとした、だれにも恥じることのない生活がある。それを東京という都市で、屋内で見つけたのが『TOKYO STYLE』だったし、日本の地方にフィールドを広げて、屋外に探し求めたのが『ROADSIDE JAPAN』だった。

タイトルに「珍日本紀行」と入っているし、いわゆる「珍スポ」コレクションのハシリだと思われているけど、僕にとっての『ROADSIDE JAPAN』はメディアや有識者や知識人や、そういう人間が押し付ける価値観の外側で、自分らしいというか、自分だけがわかっている自分らしい暮らしを営んでいける、そういう場としてのロードサイドのジャパンそのものを、ああいうカタマリとしてあらわしたかった。ひとつひとつの珍スポット紹介であるよりも。

『TOKYO STYLE』で、狭い部屋に住むひとたちを劣等感から解放したかったのと同じで、地方に住みながら「東京に行かなきゃダメなんだろうけど、自分には無理だなあ」と思ってしまっている若い子たちに、『ROADSIDE JAPAN』がすこしでも地元を見直すきっかけになってくれたらという思いも、強烈にあった。

ふつうに見られるもの、ふつうに行ける場所だけを

『ROADSIDE JAPAN』は『週刊SPA!』の連載で、ゴールデンウィークや夏休み、正月休みといったタイミングではアジアやヨーロッパの珍スポットも、「ホリデー・スペシャル」的な扱いで取材していた。ひとり旅なので、海外といってもそこまで経費がかからない利点もあったし。

日本には金閣寺のような有名寺院もあれば、純金大仏のみがウリの無名寺院もある。同じようにタイにも「暁の寺」のような観光名所もあれば、気合い入れて地獄庭園を作ったのにだれも来てくれない、というような無名寺院もある。ヨーロッパにだってルーブルみたいな有名ミュージアムもあれば、どうでもいいコレクションを集めた、だれも知らない自宅ミュージアムもあ

る。そういうのって日本と同じく、やっぱりメディアには無視され続けている。日本語の旅行ガイドだけじゃなく、現地の出版物でも。

中国からミャンマーまで、アジアもずいぶん歩いたし、元『週刊SPA!』の編集長が創刊して、もうなくなってしまった『PANjA』（扶桑社、1996年に廃刊）という雑誌ではオーストラリア編もやった。ヨーロッパもロシアを含めていろいろ歩き回って、連載が終わったあとも自費で通い続けて、それは最終的に2004年に『ROADSIDE EUROPE 珍世界紀行 ヨーロッパ編』という分厚い本にまとまった。定価5800円で「高すぎ！」とずいぶん言われたけれど（毎度言われるが）、これでも採算ギリギリのはず。日本国内はもちろん、ヨーロッパですら類書ゼロだから。

アジアでもヨーロッパでも、現地事情を知らない外国人が気軽にレンタカーを借りて回る、というわけにはいかない場所がたくさんあって、言葉も通じないし、日本の地方を巡るのとはまた別の苦労がけっこうある。

そういうときこそ、一般の取材であればコーディネーターを使うところだけれど、あのころは頑なにひとりで旅を続けていた。どうしても言葉が通じなくて困るときだけ、ホテルのフロントやクレジットカード会社の支店に頼んで、1時間いくらで通訳や運転手付きのクルマを雇って（ネットがなかった時代、AMEXなどの現地支店は航空券の手配から両替まで、旅のアレンジに欠かせないサービス・スポットだった）。だから取材に行ったものの、現地の人間とはほとんど話せないまま帰ってきた場所も、ずいぶんある。パンフレットを集めてきて、読んでくれるひとを探したり、東京の大使館に聞いてみたり。

取材の基本はコミュニケーションにある。相手にどうやってこころを開いてもらうか、それがいちばん大切なことは言うまでもない。広告制作じゃないから、ほとんどの場合は謝礼も払えないのだし。

それで昔から言われるのは、「対象のフトコロに飛び込め」という正論。酒酌み交わして、ときにはケンカにもなったり、ともに涙を流したり、それで初めて本音が聞けるっていう……そういうの、嫌いなんだよね。

それが王道だとは思うけれど、そうではないやり方もあるんじゃないかって、雑誌編集者のころからずっと思っていた。なんでだろう？　ほんとうはものすごく人見知りの性格なのかもしれない（笑）。

『ROADSIDE JAPAN』でいろんな場所に行く。最初は律儀に「週刊誌の取材です」って名乗ってた。『週刊SPA!』と言っても地方だとまったく知られていなかったから、「元の週刊サンケイです」って言うと、「ああ、どうぞどうぞ」となる。

まだ記事にできるかどうかわからないのに、熱心すぎるほどに説明してくれて、「いつもは開けてないいんですが」みたいな部屋まで見せてくれて、「いつ記事になるんですか」とすごく期待してくれて、「田舎でなにもないですが、寿司でも取るんで」とか言われて、なんとか断って帰ろうとすると「タバコ代にでも」と封筒を渡されて、中を見るとお金が入っていたり……受け取るわけないけど。

相手だって、悪気があるわけじゃない。マスコミにはそう対応するものだと思ってるだけ。そんなふうにマスコミの名前を使えば、ふつうのひとが行けない場所に行けて、見られないものを見られる。そういう「特権」がどうしても肌に合わないというか、慣れることができなかった。だって、そうやって取材して載せたものを、ふつうのひとは見ることもできないから。行こうとしても行けないから。

そうではなくて、ふつうのひとが、ふつうに入場料を払って、それで見られるもの。それで聞けるお話。そういうものだけで記事が成立できないかと考えるようになっていった。

だから『ROADSIDE JAPAN』に掲載されているスポットで取材許可を取ったのは、実は1割もない。9割は無許可撮影、無許可掲載。それで週刊誌に出てしまうのだから。でも、ほとんど抗議は来なかった。たしか伊豆の恋人岬というところを紹介したときに、「美容院で記事を読んだ」というおばさんから編集部に電話があって、「うちの娘が知らない男と恋人岬でピースしてる写真が載ってるんですけど！」って怒ってて、それは勝手に写真を出したからじゃなくて、「あの男はだれですか！」っていうね（笑）。その記事が善意に基づくものか、悪意に基づくものかって、読むほうはちゃんとわかるから。

行くバカと、行かないバカ

『ROADSIDE JAPAN』が一段落したころ、文藝春秋の編集者から連絡があった。その前に『マルコポーロ』という、やっぱり廃刊してしまった文藝春秋の雑誌で、「サルマネクリエーター天国」という連載をしていたことがある。そういえばこの連載も受難の歴史が……もともと『BRUTUS』で始めた連載で、広告や家具のデザイン、J-POPに至るまで、クリエイター面しながらパクってるだけ、というのが多すぎるだろうと。それを実例と実名を挙げて批判するという、リスキーな企画だった。あのポスターがあれそっくり、みたいなのだけど、もちろん協力なんかしてもらえないから、いい歳して駅貼りポスターを無断で剝がして持って帰ったり（笑）。

　それでトヨタのCMについていちど書いたら、マガジンハウスにはもうトヨタの広告を出さないとか脅されて、あえなく連載打ち切り。そのまま『マルコポーロ』が誘ってくれて、連載を再開した。隔週から月刊になってしまったけど、文藝春秋だから脅しにも強いだろう、と思ってたら「ナチスのガス室はなかった」みたいなトンデモ記事が掲載されて抗議殺到、こんどは雑誌自体が廃刊（このときは文藝春秋の社長も辞任したのではなかったか）。で、最後に『プリンツ21』という小さな美術雑誌に場を移して、けっきょく通算で47回、１９９２年から２００２年まで10年間続いた。隔週→月刊→季刊と、雑誌のペースも発行部数も、ゼロがひとつずつ小さくなっていった感じではあるけれど（笑）。

ちなみにこれまでいろんな連載をしてきたなかで、「本にまとめましょう」という提案がいちばん多く来たのが、実はこの「サルマネクリエーター天国」だった。提案はうれしいけれど、広告のように時節ネタというか、何年も経ってしまうとピンと来ない記事が多かったので、「まとめるよりも、いまの「サルマネ」をやりましょう！」って逆提案すると、全員引く。ほんと、見事に音信不通になるから（笑）。

話がそれたけれど、文藝春秋の編集者が言うには、新雑誌を創刊するのでまたなにか一緒にやりましょうと。どんな雑誌？　と聞いたら、「『BRUTUS』みたいなカルチャー誌」とか言われて（のちに『TITLe』として創刊された）。それでずっとやりたかった、珍日本紀行のアメリカ版をってお願いしてみた。

たとえば『地球の歩き方』ってあるでしょ。あのシリーズのヨーロッパって、ものすごい種類がある。国別はもちろん、テーマ別から「小さな村めぐり」みたいなのまで。でもアメリカって、ニューヨークとボストンとアメリカ西海岸とフロリダと、あとは「南部」みたいなひとくくり、そんなもんで終わりだった。いまはもっと増えてるだろうけど。でも、そういう有名大都市はアメリカ合衆国のなかでは例外的な存在であって、実は膨大な「アメリカ」という国が、まったく知らされずにある。圧倒的なマジョリティとして。東京が日本の典型ではないように、ニューヨークがアメリカを代表しているのではないから。

音楽だって映画だって、僕らはアメリカ文化で育ってきたようなもののはず。でも、ほんとうのアメリカをあまりにも知らない。それどころか、インテリほどアメリカをバカにしてみたりする。アメリカという国家や政府と、ひとりひとりのアメリカ人はまったく別なのに。それで何年かかってもいいから、全米50州をすべて回ってみたいという野望をひそかに抱いていたところに、まんまと(笑)話を持ってきてくれた！

それでまあ、「いいですね、やりましょう！」ということになって、創刊だから予算もけっこうあるので、最初のうちは毎月ひとつの州を決めて行ってたけれど、さすがにからだが持たないので、2年目ぐらいからは年に3〜4回、3週間から1ヶ月ぐらい行って、いくつかの州をカバーするようになった。

やっぱりこれもひとりなので、空港に着いたらレンタカーを借りて走り出して、夕方になったらハイウェイ沿いに、その日に泊まるモーテルを探して、という繰り返しだった。それで2000年から始まって、たった4ページの記事なのに経費がかかりすぎと気がつかれたのか、編集長が代わるたびに「そろそろ」とか肩叩かれたけれど、「始めるときに50州ぜんぶって約束しましたよね」と言い張って、なんとか7年間かけて回りきらせてもらった。で、その『TITLe』は連載が終わった翌年の2008年には休刊してしまう……。僕のせいではないと信じたい（笑）。

そのころにはインターネットも普及していたので、事前にある程度は下調べできたし、取材がスタートする直前にアメリカで『ROADSIDE AMERICA』という、『珍日本紀行』のアメリカ版みたいな本が出版されて、それもずいぶん参考になったけれど、やっぱり行ってみないとわからないことがいっぱいあった。町に着いたらまず本屋に行って、地図と地元のガイドブックを買ってみることから始めて、それからスターバックスみたいな地元の若者が集まりそうな場所には、フリーマガジンが置いてあることが多かったから、それもけっこう役に立ったし。でもいちばん役立つのは日本を巡ったときと同じで、モーテルのフロント脇に置いてある地元の観光スポット・チラシだった。そういうローカル情報はネットではカバーしきれない。ウェブサイトなんて持たない珍スポットもたくさんあるのだし。

ただ、アメリカの田舎と日本の田舎には大きな違いがある。日本の地方に暮らすひとは、田舎に住んでいることに劣等感を持ったり、地元を愛していないこともけっこうあった。やっぱり東京には……みたいな。でもアメリカ人って、それが正反対だったりする。

僕ら日本人が、ものすごく大金持ちになったとする。それでどうしたいかといえば、なるべく都心に御殿を建てるのが、大方のひとの理想だろう。でもアメリカ人の理想というのは、なるべく他人から離れた場所に、なるべく大きな、部屋数の多い家を建てる、ということのはずだ。「隣の家まで何マイル（離れてる）」というのが、いちばんの自慢で。だから大金持ちはだいたい、モンタナとかワイオミングとかに巨大な牧場を持って、自家用機で通ったりする。

そういうメンタリティなので、自分が住む町の人口の少なさが、恥じゃなくて自慢になる。ハイウェイをずーっと走ってると、ひとつの町に入るあたりによく「POP 1538」みたいな標識が立ってる。最初はなんのことかわからなかったけど、それはその町の人口を書いてあるわけ。ニューヨークシティとかは大きすぎるからないけれど。それで最高なのは「POP 1」なんてのが、ほんとうにあった。人口ひとり……過疎すぎでしょ！　そういうところに自分のスタイルで暮らすというのが、非常にアメリカ的なメンタリティだと、旅を続けるうちにだんだんわかってきた。

下を見るからキリがない

夕方になるとモーテルを探しながら、ウォールマートみたいな巨大スーパーに寄る。そこで夕食のおかずを買う。

はじめのうちは『バグダッド・カフェ』みたいな「ロードサイドの食堂」を探していたけれど、そんなの実はアメリカでも絶滅危惧種なので、外食となるとマクドナルドかタコベルかピザハットくらいしかチョイスがなかったりする。毎日それではあまりにもからだに悪い……と気がついて、途中からは小さな携帯炊飯器を買って、東京から無洗米とダシ入り味噌を持って行くことにした。

田舎でおいしいレストランを探すのは大変でも、食材は豊富にあるので、野菜でも肉でも魚でもてきとうに買って、モーテルの部屋でまず米を炊く。それを別の容器に移しておいて、こんどは肉や野菜を茹で、その茹で汁に味噌を溶き入れて……という具合に「モーテル・クッキング」のためにスーパーマーケットに通ううちに、ふつうのアメリカ人がどんなものを買って、どんなものを食べているのかが、実感できるようになった。モールの駐車場に溜まってる若い子たちを見てれば、「白人黒人ヒスパニック関係なく、若者はもうヒップホップしか聴いてないんだな」なんてこともわかった。

移動手段はもちろん、すべてレンタカー。あまりにもいろんなクルマを借りたから、おもしろくなって途中からは借りたクルマの写真をぜんぶ撮るようにした。あと、泊まったモーテルの部屋の写真も。ぜんぶ一緒に見えるけれど、それがまたおもしろくて。

アメリカ旅行でクルマがいらない場所って、たぶんニューヨークシティとボストンとサンフランシスコと、ニューオリンズぐらいじゃないかと思う。あとはすべて、ということはつまりアメリカの9割は、クルマで回らないと見えてこないということ。

だから毎日、朝から夕方まで8時間も9時間も運転して、取材の時間は1時間、というようなペースだった。そうすると、どんなにクルマが好きでも運転に飽きる(笑)。アメリカ人はなぜか飽きないらしいけれど。これはほんとうに不思議で、平均的なアメリカ人がいちばん嫌がるのは、長時間運転させられることじゃなくて、長時間助手席に座ってることらしい。ハンドルを握ってるほうが、ぜんぜん楽だという。

ま、しかしこちらは飽きる。ひとりだし。そういうときに最大の助けになってくれたのが、ラジオだった。

日本を旅していてつくづく思うのは、地方FMラジオ局の絶望的なつまらなさだ。東京のFM局だって似たようなものではあるけれど。もともと音楽をかけるのが目的だったはずなのに、どうでもいいおしゃべりの垂れ流しと、恥ずかしすぎるラジオネームの投稿紹介と、あとはレコード会社がプッシュしてる曲をワンコーラス流しておしまい、みたいな。

珍日本紀行で日本中を回っていたころ、親友の画家・大竹伸朗くんも『海燕』という文芸誌（ベネッセコーポレーション、これも1996年に廃刊）で、日本の地方をテーマにした絵の連載をしていた。それで、よく一緒に旅していた時期があって、くだらない地方FM局に我慢できなくなって、どこか行くたびに大竹くんがミックスカセットを何本も作ってきてくれて、すごく楽しかった。でも1週間も聴いていると、それも飽きる。クルマは10万円のボロでCDプレイヤーなんてついてなかったから、安売り電器屋を通り過ぎたときに「電池式のCDラジカセ買えばいいじゃん！」って思いついた。「いままでなんで気がつかなかったんだろう！」って、自分たちに呆れながらいちばん安いCDラジカセを購入して、高速のサービスエリアで演歌のCDとかいろいろ買って、かけながら運転してみたら、ちょっと段差があるたびに音が飛んでしまって、使いものにならない。クルマ用のCDプレーヤーはふつうのとちがうんだって、ふたりともそのときまで知らなかった（笑）。

アメリカの話に戻ると、どんな小さな町にも地元のFM局がたくさんある。

どこへ行っても、数十のステーションから好みのものを選べる。日本の地方なんて、2〜3局だったりするのに。

アメリカ人の4人にひとりは運転中にカントリー&ウェスタンを聴いてると言われていて、いちばん多いのはカントリー・ステーション。それからいろいろあるけれど、意外に人気があるのがクラシック・ロック・ステーションだ。つまり1960〜80年代あたりのロックだけを専門にプレイする局。ひとつの番組、じゃなくて局そのものが24時間、懐かしのロック・ミュージックばかりをかけている。

モロに自分の年代だから、もう異常に懐かしい気持ちになる瞬間がけっこうあって。だって日本のFM局でレッド・ツェッペリンとか、かからないでしょ？　それでもっと聴きたくなって、スーパーマーケットやショッピングモールのCD売り場で、そういうCDを探して買ったりする。

そうするとね、田舎のモールのCD屋で、ヒップホップ聴いてるキッズが溜まってるなかで、こちらがジョージ・ハリスンの『オール・シングス・マスト・パス』なんかをカウンターに持って行くと、長髪のルーザー系元ヒッピーオヤジ店員が、「いいよね、これ」とか声かけてくれたりする。

アメリカ全土にはそういうクラシック・ロック・ステーションが数百という単位であると思うけれど、昔もいまも不動のリクエスト・ナンバーワンがあって、それはピンク・フロイドの『ダークサイド・オブ・ザ・ムーン』(邦題『狂気』)なのね。

あのアルバムって、1973年の発売だから。僕がアメリカの田舎のカーラジオで聴いていた、そのころですでに30年前。どういうひとがあれをリクエストしてるのか考えてみると、まず若者ではないだろうと。たぶん僕と同じか少し年上くらいの白人中年で、ホワイトカラーというより肉体労働系で、一日の仕事がようやく終わって家に帰って、とりあえずビールの栓をプシュって抜きながら、「いつもの」をリクエストする……って単なる想像だけど(笑)。

でも、そんなふうに20年も30年も同じ音楽を聴いて、好きでい続けるというのは最高だと思った。「ファッショナブル」とは対極にあるけれど、若いころは「ロックじゃなきゃ」とか言ってたのが、そのうち「オトナはジャズ」とか言うようになって、最後は高級カラオケで姉ちゃんとデュエット……なんて勝ち組より、死ぬまでピンクフロイド聴いて満足してる負け組のほうが、ずっと尊く見えてきた。そういう人間に、アメリカの田舎ではたくさん会えた。

ひとつひとつの「USA珍スポット」については、あまりにも思い出がありすぎて終わらないので、ここでは話さないけれど、企画をスタートさせる前に、ニューヨークやロスの友達に相談してみた。そしたら全員、「そんなのやめとけ」って言う。「南部はみんな銃持ってるし、人種差別も残ってるし、危険だから」って。「それに、おもしろいわけないから」って。

でも実際に旅を始めてみたら、7年間で50州回って、ほんとうに一回も怖い思いをしたことがなかった。自分でもびっくりするくらい。居眠り運転とか、山道でガス欠の恐怖とかはいくらでもあったけど。逆にみんなが悪く言う南部のほうが、すごくフレンドリーで親切だったりした。

けっきょく日本だって、アジアだってヨーロッパだってそうだけど、アメリカも都会もんは田舎もんをバカにする。その構図はどこでも一緒だから。ニューヨークのやつはロサンゼルスをバカにするし、ロスのやつはラスベガスをバカにするし、ベガスのやつは……みたいに、つねに自分より小さいものを見下す。

前も言ったけれど、相手だってわかるから。自分たちのことをネガティブに取り上げようと来られたら、当然ながら腹立たしい。リスペクトを込めてアプローチしてきたら、ウェルカムになる。ましてこちらは遠い東京からアラバマとかまで、わざわざ来てるのだし。それって、言葉じゃない。もちろん、カネでもない。「誠意」とか言ってしまうとクサイけれど、ほんとにおもしろがってるかどうかって、ぜったい相手に伝わるから。

雑誌の連載時は「珍世界紀行 アメリカ裏街道を行く」というタイトルだったけれど、連載が終わってしばらく経った2010年に『ROADSIDE USA 珍世界紀行アメリカ編』というタイトルで、これまた分厚い写真集になった。7年間の連載で取材にかかった費用はものすごかったはずなのに、それでも文藝春秋の単行本セクションに「うちではいりません」って言われてしまい、一時は自費出版を覚悟したけれど、いろいろあった末にアスペクトから出ることになって。

あんな取材をさせてくれる雑誌はもうないと思うし、だから自分でメールマガジンを作ってるわけだけれど、もしできるなら今度は「ロードサイド・チャイナ」をすごくやってみたい。アメリカと同じで、中国も日本のメディアではけなされるばかりでしょ。成金だとか、パクリだとか。いっぱい買っておいてもらって「爆買い」とか言われたり。でも、中国政府と中国人はちがうから。個人的に知り合いの中国人はみんなすごくジェントルで優しくて、親切だし。中国人だって安倍首相は嫌いだけど、それがそのまま日本人がみんな嫌い、ということにはならないのと一緒。なにかを、どこかを嫌うのは勝手だけれど、行って、見てから嫌いになってもらわないと、と思うので。『珍日本紀行』の連載をしているころから何度か中国の取材はしていて、当時はまだ天安門事件からそんなに時間が経ってないころ。いまとは比べものにならないくらい、観光ルートを外れた中国に入って行くのが大変だった。でも、いまならけっこうどこでも行ける。それに、中国にもある程度お金を持ってる人間が増えてきたし。

この、所得の程度というのが、実は珍スポットに大事なところだったりする。いろいろ巡ってきて判明した、珍スポットを育むのに（笑）大切な要素

は、

①まず変わり者を受け入れる、というか放置しておけるコミュニティの物理的、精神的な余裕

②変なものを作れるだけの広い場所

③変なものを作る資材としての廃物が容易に入手できたり、入場料を払う客が存在するだけの、コミュニティの金銭的な余裕

この3つだと思う。だから場所はいくらあっても、どんな廃材もだれかが再利用してしまう国とか(インドにはゴミが少ないと、藤原新也さんが教えてくれた)、変なものを作る半端者を放任しておける余裕のない貧しい国には、珍スポットが育ちにくい。

広々とした土地と、ある程度金銭的に余裕のある暮らしというのが、珍スポット育成には欠かせないわけで、だからこそアメリカが日本を凌ぐ珍スポ王国なのだし、中国にもその条件が急速に整いつつあるはず。いまの「中国・変なもの発見」みたいな報道って、悪意に満ちたものばかりだけど、そ

ういうのじゃないのができたらって、ずっと思ってる。それにはまず中国語を勉強しなくてはならないので、教本だけはすでに何冊も買ってあるけど……。

届かなくても手を伸ばすこと

そのへんにいくらでもあって、だれも見向きもしないもの、でも見向いてみれば興味深いもの、という意味で僕は「ロードサイド」という言葉を使ってきたわけだけど、それはなにも「珍スポット」だけにとどまるものではない。

雑誌でインテリアや建築の話をずいぶん書いてきたから、外国から東京に来たデザイナーや建築家と会う機会もすごく多くて、そういうひとたちがいちばん見たがる場所って、たとえば安藤忠雄さんの新作とかではなくて、圧倒的にラブホテルだったりする。有名建築家の作品なら海外だって見られるけれど、あんなラブホテルは日本にしかないから（最近はアジア圏にも広まってるけれど、日本の影響だし）。

日本は世界有数の建築雑誌大国で、すごくきれいな造りの専門誌がたくさんある。その中で海外にも有名な『GA』という大判の、一冊ずつが作品集のような雑誌がある。

あるとき『GA』の編集者から連絡があって、一緒に一冊できないかと言われた。それはすごくうれしいから、打ち合わせしましょうということになって、若手編集者が5人ぐらいでうちに来た。それで「なにかアイデアありますか」と聞かれたから、ちょうどいいと思って「ラブホテルをきちんと撮影して紹介したい!」と言ってみた。日本にしかないものだし、完成されたデザインだし、カリスマ建築家もいるし、外国人はすごく興味を持つし。編集者たちも「それはおもしろいですね!」とか喜んでくれたけれど、それから音信不通(笑)。見事に。

それでカチンと来て。当時、仕事を手伝ってくれていたアシスタントの女の子を説得して、彼女とふたりで1年以上かけて、関東と関西エリアのラブホテルを撮影して回った。

ここで詳しく説明してる余裕はないけれど、昔ながらのラブホのデザインって、どんどん姿を消している絶滅危惧種だ。でも、そんなラブホテルを集めたガイドブックはもちろん、ウェブサイトすらなかったから、とにかく手分けしてラブホ街を歩き回った。入口にある部屋の写真パネル。あれを見て、おもしろそうなデザインの部屋があるホテルをピックアップして、片っ端から電話。失われつつあるデザインをせめて写真に残しておきたいので、撮影させてくださいって。

そうすると、どのホテルも驚くほど好意的で。ラブホは基本、部屋の予約ができないのが特徴なのに、いいデザインの部屋をちゃんと押さえておいてくれたり。オーナーの「ラブホ愛」を、すごく感じた。たしか1軒だけ断られことがあって、よく覚えてるけれど、そこはだれだか知らない「一般の一流建築家」がデザインしていて、ホテル側としてはぜひ取材してほしいのに、建築家がOKしないという。自分の作品だということを隠しておきたいから。お前、なにさま？　って言いたくなる。だいいち施主に失礼だろう。

「先生」みたいなひとたちが、そうやってどんどん嫌いになっていくわけだけど、まあとにかくラブホの撮影はすごく難しかった。壁がぜんぶ鏡張りだったりするし、現在のようにデジカメの解像度がフィルムに追いついていなかったから、大型カメラで撮っていたので、機材も大変。2メートル角以上ある大きな黒布を用意して、真ん中に穴を開けて、そこからレンズを覗かせて、こちらが鏡の壁に映らないようにして撮影したり。

そうやって関東、関西のホテルを訪ね歩きながら、これをどうやって発表しようと考えた。単発の写真集というのもなかなか難しいだろうし。そこで思いついたのが『STREET DESIGN File』というシリーズだった。

ふつうの日本人で、ペニンシュラとかマンダリンとかグランド・ハイアットとか、超一流ホテルが定宿というひとは、ほんのひと握りだろう。でも、ラブホテルにはいちども行ったことがないというひとも、ほんのひと握りだろう（ちがう？）。だから「狭い部屋」とか「名もない田舎」のように、ふつうの日本人にとってはラブホテルのほうがはるかに普遍的な、日常に寄り添った存在のはずだ。別にどちらがいい悪いという優劣はないけれど、マジョリティはこっちにある、確実に。

ふつうは泊まれない一流ホテルや旅館の本がいくらでもあって、ふつうに泊まれるラブホテルの本が一冊もない。テレビを見ても、雑誌を読んでも、紹介されているのは自分の小遣いでは一生泊まれないような宿ばかり。そういうものばかり見せられているうちに、劣等感やフラストレーションを抱きかねない。けっきょく、メディアが描く図式は一緒だった。

そういうわけで、ラブホテルもそんな視点から眺めたら興味深いだろうし、実はいろんな国に、いろんなラブホテル的存在があるんじゃないかと気がついた。大多数のひとが好きだったり、いちばんたくさんあるものなのに、俗悪とか無教養とかのレッテルを貼られて、これまできちんと取り上げられずにいたもの。そういうものを集めて「街場のデザイン」という意味を込めて、『STREET DESIGN File』というシリーズを企画した。

全20冊のシリーズで、な

『STREET DESIGN File 03 Lucha MASCARADA メキシカン・プロレスと仮面の肖像』（アスペクト、2000年）

かにはラブホテルもあれば、メキシコのプロレス・マスクもあったし、タイの実話誌の表紙イラスト・コレクションも、メキシコの「死者の日」の骸骨オブジェも、南インドの巨大映画ポスターも、ドイツの「庭の小人」（七人の小人みたいな庭の置物）も、香港で供養に燃やす紙製の、家やクルマや携帯電話をかたどった飾り物も、思いつくテーマをどんどんかたちにしていった。日本からもラブホテルのほかに、往年のB級映画

のスチル写真集、ピンク映画のポスター、暴走族の単車、デコトラ、大人のおもちゃまで！　集めているだけで楽しかった。

たとえば暴走族を知らない日本人はいないだろうけれど、社会の除け者みたいな彼らが手作りする単車のデザインが、アメリカの改造ハーレーにも負けていない、激しくアーティスティックなものだとは、だれも気づこうとしない。もちろんデコトラもそうだし。

大人のおもちゃとは、おもにバイブレーターのことだけど、世界のセックスグッズ市場では日本製って最高の証だ。ゲーム機やアニメのように。

日本のバイブって、先っちょがクマになってたり、イルカになってたり、こけしになってたりしたでしょ。だから「電動こけし」と言われたのだけれど、

『STREET DESIGN File 15 Portable ECSTASY オトナのおもちゃ箱』（アスペクト、2000年）

あれはなにもウケ狙いでそうしたのではなくて、医療器具として認可が下りないから、「玩具」として売るための、苦肉の策だった。「電気で動くこけしです」って。それがいつのまにか「顔がついてる日本製バイブは高性能」という認識が世界中に広まって、いまでは素晴らしくデザインに育ってきているのに、完成されたインダストリアル・デザインに育ってきているのに、だれもそんなふうには見ていない。それが悔しくて。

取り上げるテーマはエロだったりグロだったり、俗悪だったり、知識人がバカにするものば

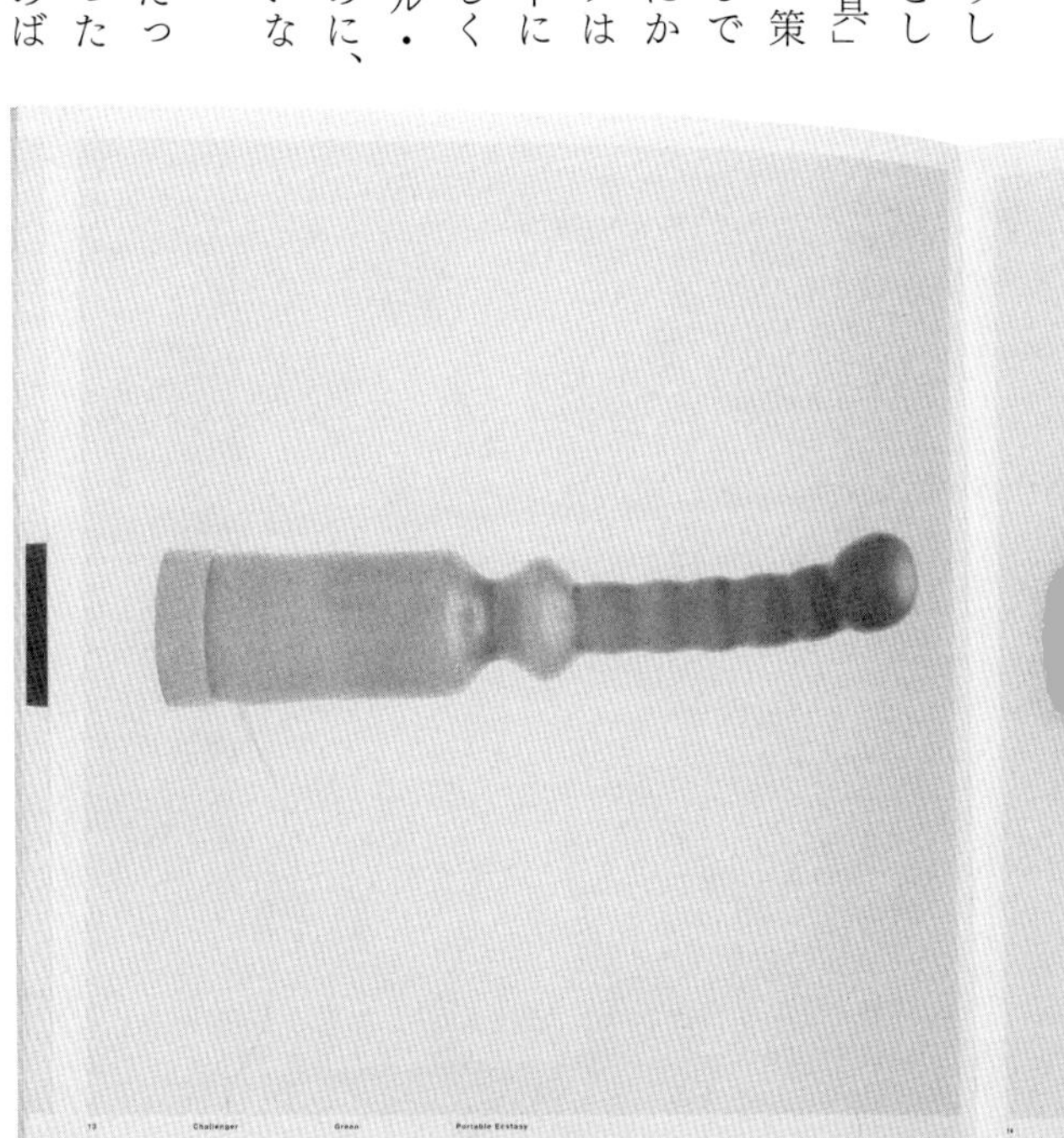

かりだったけれど、誌面は極力美しくしようと思った。それが対象へのリスペクトを示すものだと思ったから。

それで各冊のデザインを国内、海外の、それまで知り合ったいろいろなデザイナーにお願いすることにした。それもなるべく、彼らの知らない分野を選んで。なぜならそのテーマを知らないデザイナーのほうが、かえってニュートラルな目で見てくれるから。たとえば日本映画のスチル写真で本を作るというときに、日本人のデザイナーだったら、美空ひばりの顔が本のノドで半

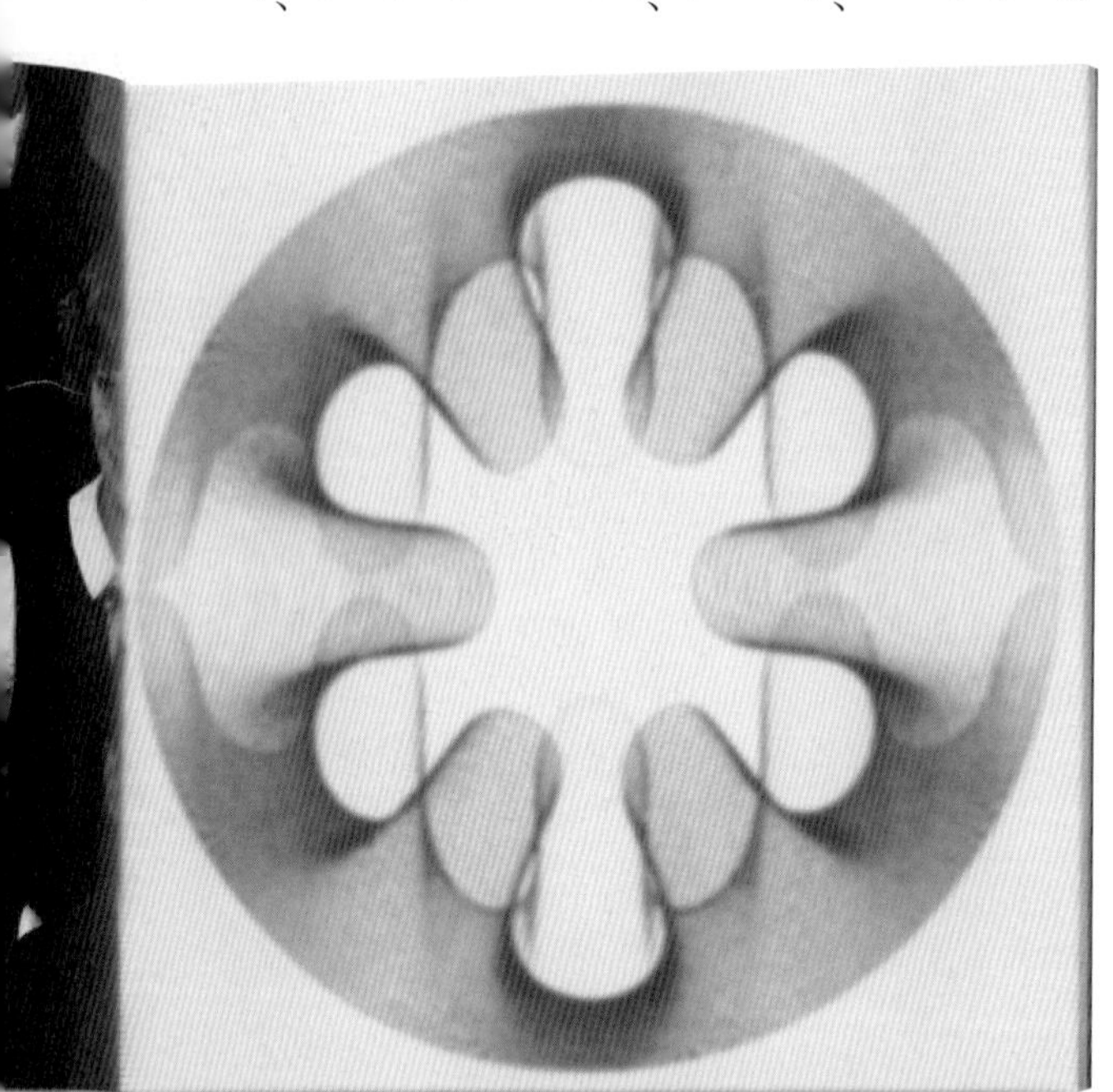

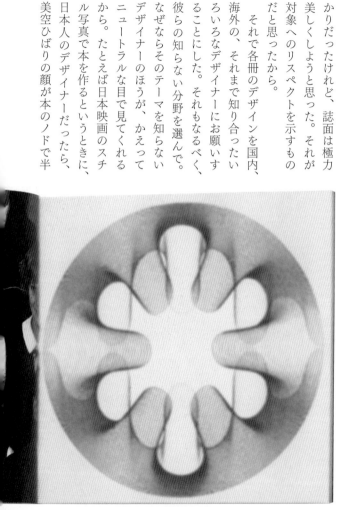

分に切れる、みたいなデザインは当然しない。だからあえて『Frozen BEAUTIES（フローズン・ビューティーズ）』でイギリス人の、音楽系の若手デザイナーに依頼してみた。彼は日本の映画なんてまったく知らないから。

1970年の大阪万博を取り上げた『Instant FUTURE（インスタント・フューチャー）』では、その当時をまったく知らない若い日本のデザイン・ユニット「イルドーザー」に手がけてもらったし。そういえばバイブの本（『Portable ECSTASY（ポータブル・エクスタシー）』という題をつけた。このシリーズはタイトルもずいぶん考えて、大変だったけど楽しかった）は当時、サントリーの烏龍茶で美しい広告シリーズを作っていたアートディレクターの葛西薫さんにお願いして、「自分は立場上まずいけど（笑）、僕のいちばん

『STREET DESIGN File 07 Instant FUTURE 大阪万博、あるいは1907年の白昼夢』（アスペクト、2000年）

信頼できる若手を紹介しましょう」と言われ、野田凪さんと知り合えた。彼女も別にバイブに詳しかったわけではないけれど、とてもおもしろがって付き合ってくれて、そのあと鳥羽秘宝館の写真集『精子宮』も手がけてもらうことになった。もっともっと一緒に本を作りたかったから、若くして亡くなってしまったのはすごく残念だった。

『STREET DESIGN File』のなかには、先ほど言ったように「みんなが好きなはずなのに、なんで取り上げられないんだろう」という苛立ちから生まれたテーマもあったし、古いスタイルのラブホテルのように、「いま記録しておかないと消えてしまう」危機感から生まれたテーマもあった。

苛立ちと危機感、このふたつが僕の本作りのモチベーションであるのは、最初から現在までずっと変わらないけれど、『STREET DESIGN File』はそれがいちばん明確なかたちで表現されたシリーズだったかもしれない。よく、

『精子宮　鳥羽国際秘宝館・SF未来館のすべて』（アスペクト、2001年）

インタビューで「好きな本ばっかり作れて、いいですね〜」とか言われるけれど、本心を言えば好きだから作るんじゃない、作らざるをえないから、作らされてるだけ。ほかにやるひとがいないから、というだけ。

そうした思いを機会あるたびに強調してたころがあったけれど、いくら言っても空回りしているようで、いまはもうあまり言わないようにしている。そんなことを言わなくても、見てくれるひとは、黙ってちゃんと見てくれてるとわかってきたから。

『STREET DESIGN File』は最初の数冊がハードカバー版で出て、そこでいちど出版社（アスペクト）が手を引こうとしたけれど、いろいろ交渉して続くことになって、いま古本屋で見つかるのはほとんどペーパーバック版だと思う。20冊作るのに、１９９７年から２００１年の4年ほどかかったことになる。いま思い返すと、あのへんでひとつ吹っ切れたものがあったかもしれない。

『TOKYO STYLE』や『ROADSIDE JAPAN』を取材してたころは、まだ30代だった。褒められればうれしいし、けなされれば落ち込む。それはいまでも同じだけど。『ROADSIDE JAPAN』の読者カードに「カメラはこんな汚いものを撮るためにあるんじゃない、間違えて買って大損した」とか書かれたのがあって、それは落ち込むよね。でも『STREET DESIGN File』のころは40代に入って、他人の評価に一喜一憂するのはやめられないけれど、そこまで一喜一憂しなくなったというか……しょうがないかなって。けなすひとは、だいたい買ってくれないひとだし（笑）。初版はほんの数千部だし、ベストセラーになんてどうせならないから、書評にどう書かれようと、売れ行きには大して影響しないし。

というような割り切りもできてきたけれど、もっと大きいのは、このあたりからはっきり意識できるようになったこと。つまりラブホやバイブのデザイナーだって、暴走族の兄ちゃんだって、デコトラの運転手だって、みんな世間の冷たい目を無視し、はね返しながら自分の世界に生きている。それを取材させてもらって、本にさせてもらっている自分が、世間的な評価をガツガツ求めてどうするって。取材対象をリスペクトしているのなら、その生き様を真似ろとは言わないけれど、教わることはいっぱいあるんじゃないかって。売れないアーティストを取材して、その文章や写真で自分だけ儲けていいのかって。どうせ儲かりはしないけど……。

第4章

だれもやってないことをするには?

業界は死に、詩は残る

前章でデザインにおけるロードサイドの話をしたけれど、それはもちろん芸術の分野にだってある。

前に大竹伸朗くんが言っていて、なるほどなと思ったのは「現代」という2文字がつくと、いきなりロクなもんじゃなくなると。「現代美術」「現代音楽」「現代文学」……ただの美術や音楽や文学でいいのに、「現代」という文字がついたとたん、やたら小難しくなったりする。難解なのが高級みたいな。

わけがわからないのに、専門家はそれを素晴らしいと言う。そうすると、理解できないこちらは自分に教養がないせいだと思ってしまう。「わかりません」って口に出しては言えないままに。

わからないから、自分の本を買って勉強しなさい、自分の授業に出なさい、展覧会の分厚い図録を買いなさいと専門家は言う。意地悪な言い方をすれば、難解にしておくことが専門家の商売のような気さえしてくる。わからないのが偉いとか偉くないとかではなくて、芸術は「わかる」「わからない」の前に、もっと大切なことがあるのではないか。

そういう「難しい現代」のうちでも、とりわけハードル高いのが現代詩なんじゃないかと、あるときから思うようになった。

資生堂が出している『花椿』という広報誌が子どものころから好きで、それは実家が薬局でいつも身近にあったこともあるけれど、あのセンスに影響されたところがすごくある。昔は『花椿』好きな男子もけっこういたはず。化粧品店から送られてきた冊子が、家にあったのを覚えているひとも少なくないのでは。

それはともかく『花椿』では「現代詩花椿賞」という詩の文学賞を毎年開催しているので、いちおう読むけれど……ほとんどがピンと来ない、哀しいかな。作品がダメとかではなくて、明らかにこちらに教養がないせいだけれど、じゃあ教養がないと詩って楽しめないのかなって。自分は言葉を扱うのが仕事だから、ふつうのひとよりは毎日たくさんの文字を読んだり書いたりしているはず。それでもよくわからないのだったら、いったいどれだけ勉強すれば「現代詩がわかる」ようになるのか。

『ROADSIDE USA』でアメリカの田舎を巡っていたとき、たしかユタ州のモーテルで、フロントの脇に「ロデオ大会あります」と書かれた貼り紙があった。その演し物を見ていたら、ロデオ競技の合間にバンド演奏と並んで、「カウボーイ・ポエトリー・リーディング」と書かれた時間があった。カウボーイとかホーボーとか、アメリカにはそれなりの郷愁を感じさせるテーマがあって、それを素人のひとたちが詩にして、みんなの前で読む。それで興味を惹かれて地元の本屋に行ってみたら、カウボーイ・ポエトリーの本が何冊もあった。

日本はこれだけ教育が進んで識字率100％を誇るような国なのに、みんなが暗唱できるような詩が、なぜかほとんどない。これまで行ったどこの国でも「国民詩人」みたいな存在がいて、だれでもひとつやふたつは暗唱できる詩があったと思う。でも日本だと……最初から最後までなにも見ずに、だれもが言える詩ってあるのかな。少なくとも僕にはない。「雨ニモマケズ」

だって、冒頭はともかく最後まで完全にはなかなか暗唱できないだろう。詩の専門家によると、現代では詩は声に出すものではなく、黙って読むものになったというけれど、もともとは「詠う」ものだったはず。

でも角度を変えてみれば、僕らが暗唱している詩が実はいくらでもある。それが歌の詞だ。美空ひばりでもいいし、ユーミンでもいいけれど、歌詞カードやカラオケの画面なんて見なくても、最初から最後まで歌える、そういう好きな歌はいくらでもある。それが、詩人が作詞家に負けた瞬間と言ったら、言い過ぎだろうか。

難しい現代詩は読んでもわからない。でも夜中に国道を走っていて、ヘッドライトに浮かんだ「夜露死苦」や「愛羅武勇」なんてスプレー書きを見てドキッとしたり、ラジオから聞こえてきたどうでもいいJ-POPのフレーズに、思わず涙ぐんでしまったりという体験は、だれにでもある（でしょ？）。僕らの言葉に対する感性は、昔の人間に比べて鈍くなっているわけでは、まったくない。むしろインターネットや携帯電話の発達で、いまほどみんなが「筆まめ」になっている時代は、これまでにないはず。「詩壇」の外側にこそ、スリリングな言葉はまだいくらでも転がってるのではないか。

現代美術の外側にアウトサイダー・アートがあるように、現代詩の外側にあるなにかを探せたら、と思ってるところに、昔からの友達が新潮社の文芸誌『新潮』の編集長になったので、『ROADSIDE JAPAN』の詩版みたいなのやらない？　と提案して始めたのが「夜露死苦現代詩」の連載だった。『新潮』は創刊が1904年（！）という老舗文芸誌だけれど、ほとんどの読者は純文学／現代文学の愛好家。そういう、言ってみれば文壇の頂点にあるような場所で、とんでもない言葉の素材をぶちまけてみたかった。2005年から約1年間、創刊から100年という節目で。

「詩は死んでなんかいない。死んでるのは現代詩業界だけだ」と連載1回目の序文に書いて、いきなり現代詩ファンの怒りを買ったけれど、取り上げたのは痴呆老人のつぶやきとか、暴走族の特攻服の「刺繡の詩集」とか、死刑囚の俳句とか、歌謡曲の歌詞とか、はなはだしく「詩壇の外側」にある文章ばかり。自分でもよく1年間続いたと思う。文芸誌なのできっちりした文字数の制限がなくて、ほぼ書きたいだけ書けたのも、まずうれしかった。

それと、これは現代詩評論に見えるかもしれないけれど、僕としては「取材」というスタンスを貫きたかったから、過去の文献資料を漁るだけではなくて、なるべくその場所に行く、書いたひとに会う、ということをこころがけた。その建物がなくなっていても、とりあえずそこに行ってみる。書いた相手が介護施設に入っていて、会話がいっさい交わせなくても、とりあえず会ってみる。そういう「磁場」から得られるものを大事にしたかった。

たとえば連載の初期で反響が大きかったもののひとつに、「死刑囚の俳句」がある。死刑囚が長い独房生活や、これから刑が執行されるという直前に辞世として詠んだ、そんな俳句が弁護士を通じて塀の外に出て、集められて一冊になった『異空間の俳句たち』（海曜社、1999年。現在は絶版）という句集を本屋の棚でたまたま見つけて、打ちのめされたのがきっかけだった。それから自分でもいろいろ調べながら、とにかくどんなひとがこういう句集を作っているのか知りたくて、出版社を訪ねてみた。

そこは東京の神田ではなくて、滋賀県の琵琶湖のほとりにあるまったくふつうの住宅で、温厚そうな中年の男女ふたりが営んでいる出版社だった。それでいろいろエピソードや苦労話を聞かせてもらううちに、まず啞然としたのが「俳壇からは圧倒的に批判のほうが多かったんです」と言われたとき。

死刑囚の俳句はおもに、死刑廃止の市民運動に取り組んでいる団体を通じて世に出るので、活動家たちからは「また俳句屋が来たぞ」なんてからかわれて、それで本になったら俳壇から「ひとつひとつの句に、作者の境遇など短い説明を入れたのがよくない」「俳句を読みつけていない人にもわかりやすいように、3行に分かち書きしたのもよくない（ほんとうは1行で書くべき）」「ルビを振ったのもよくない」などなど、「ずいぶんお叱りを受けちゃいました」って苦笑いしてた。くだらない、ほんとうに。

死刑囚だから、というのはよくない言い方になるけれど、捕まる前から俳句に打ち込んでいた、というような人間はまずいない。たいていは死刑が確定して、俳句を詠むことでしか正気を保てない状況に追い込まれて、それで初めて俳句に挑戦する。だから定形の5・7・5がほとんどで、それをまた現代俳句ツウはバカにしたりする。でも、ブルースがそうであるように、フォームが決まってるからこそ、その中で広がっていく表現もあるはず。

日本の死刑制度は非常に残酷で、執行日はその朝にならないと教えてもらえない。ときには何年も、何十年も、ただただ待つのみ。その日々自体がひとつの虐待だと思うけれど、いざそういう朝を迎えて、首を吊るされる刑場

に向かうときに、ロープが垢や汗で汚れないようにと、

綱　よごすまじく首拭く　寒の水

死を前にしてこんな句が詠める人間がいる。その現実と成果にひれ伏さないでいられる「現代詩人」って、果たしているだろうか。

ほかにも高齢者の介護施設の職員が記録した痴呆老人のつぶやきとか、「点取り占い」のフレーズとか、読んでほしいものはたくさんあるけれど、予想を超えて反響があったのは1996年に池袋のアパートで高齢の母親と障害者の息子が餓死するという痛ましい事件があって、その母親が死の直前まで書き綴ってきた日記が公刊されたもの（『池袋・母子餓死日記（全文）』公人の友社、1996年）。それはほんとうに鬼気迫るものだった……。

三月一一日（月）はれ　ひえる

とうとう、今朝までで、私共は、食事が終った。明日からは、何一つ、口にする物がない、少し丈、お茶の残りがあるが、ただ、お茶丈を毎日、

のみつづけられるだろうか、……

私は、今朝、夢の中で（歯が、全部ぬけた夢）を見ているが、これは身内に、死人がある知らせと、聞いているので、子供、先に、死ぬのではないかと、心配である。一緒に、死なせて頂きたい、後に残った者が、不幸だから。

その記事を作るときに、アパートの現場をどうしても見ておきたかった。ネットや当時の新聞を見たくらいでは出てこないけれど、担当編集者が元『週刊新潮』の記者だっただけに、簡単に見つけ出してくれた。

場所は北池袋の住宅街で、アパートはすでに取り壊されて駐車場になっていた（こないだ久しぶりに行ったら、まだ駐車場のままだった）。痕跡はなにもない。でもそこで、とりあえず駐車場に立ってみて、路地の写真を一枚撮って記事に入れる。それがあるとないとで、書くほうもそうだし、読むほうも受け取るリアリティがすごくちがってくる。だから、そういう場面で「もう残ってないから行っても無駄」と思うのか、「残ってないけど行ってみる」のかって、けっこう大きな差だと思う。

ヒップでホップなもの

アメリカの田舎を旅していたころ「若いやつらはヒップホップしか聴いてないんだってわかった」って話したでしょ。それはほんとうに印象的だった。ヒップホップはその始まりのころに『POPEYE』や『BRUTUS』でニューヨークの取材を繰り返していたから、最初期のシーンから親しんでいた。映画『ワイルド・スタイル』もリアルタイムで観ていたし、ラップもグラフィティもブレイクダンスも、盛り上がる過程をぜんぶ現場で見ていた。『POPEYE』で最初に書いた署名記事からして、当時盛り上がっていたツバキハウスとかを取材した「新宿2丁目のゲイディスコめぐり」だったし(笑)。ツバキハウスはゲイディスコじゃなかったけど、ツバキが終わったあとに流れる、小箱のすごくいいディスコが2丁目には当時いくつもあったから。

なのに個人的には、だんだんヒップホップを聴かなくなっていった。それはアメリカのラップ・シーンが極度にギャングスタ系の「ワル自慢」みたいになっていったのと、日本で始まったシーンがアメリカと対照的に、ものすごく軽かったことがある。単なる好き嫌いだから、そう思って聞いてほしいけれど、スチャダラパーとかの流れが、どうしてもついていけなかった。とりわけそれがファッションとしてのヒップホップになって、裏原宿でどうでもいいTシャツを法外な値段で売ったりするビジネスになっていく流れに。

アメリカで久しぶりに、否応なくラップを聴かされるようになって、たしかに言葉は難しいけれど、ずうっと聴いてるとだんだん、部分的に聞き取れるようにもなってきて。それでエミネムとかをラジオで知って、完全に打ちのめされた。もう「詩」としか思えない深みがリリックにあって。それでいて「詩人」にはぜんぜん見えなくて。

これはすごいなあと思って、「夜露死苦現代詩」ではエミネムと、ジェイ・ZやNAS（ナズ）といったNY系の大物ラッパー、あと日本からダースレイダーを取り上げさせてもらった。

日本語ラップの情報がわかる雑誌というものが当時ほとんどなくて（いまはゼロだけど）、まわりに詳しい友達もいなかったから、とにかくCDを買いまくって、手当たり次第にチェックするしかなかった。

何人か「これは！」というラッパーがいて、そのなかでもダースレイダーは当時「Da.Me.RECORDS（ダメレコーズ）」というレーベルを始めていて、自分を含めた若いラッパーたちの作品を毎月1枚、1000円均一で発表していた。その姿勢に感銘を受けて、インタビューしてみたら、とてもきちんとシーンの現実と未来を考えていて、それをしっかりした言葉で語ってくれた。彼は10歳までイギリスで育った帰国子女で、東大に進んで、でもラップのイベントが忙しくなって授業に出られなくなり（イベントはたいてい夜中だから）、けっきょく中退。ラップで東大を捨てたという、珍しいケースだった。そのあたりから、またラップを意識して聴き始めるようになった。

「夜露死苦現代詩」については、連載が終わったときに『新潮』で記念の対談をしようということになった。本格的な現代詩人とケンカ対談したいと思ったけれど、だれも乗ってきてくれなくて、けっきょく谷川俊太郎さんに出ていただいて、「現代詩を過大評価してませんか、こんなに相手にしてもらえるジャンルじゃないよ、僕たち」なんて言われたり。でも谷川さんも戦後の詩壇では完全に部外者の位置のまま、創作を続けてきたひとだということがよくわかるので、機会があったらぜひ、その対談は読んでほしい。

連載が終わって、2006年にはそれが『夜露死苦現代詩』という単行本になった。出版業界の不文律は、だいたい3年経ったら文庫になる。でも、そのときは新潮社の文庫セクションから「いりません」と言われて(笑)。しつこいでしょ、恨み節が。でもそういうの、ぜったい忘れないから。それで2010年に筑摩書房から文庫版が出たころにはずいぶん日本語ラップを聴くようになっていたので、また『新潮』にお願いして『夜露死苦現代詩』のヴァージョン2として、日本語ラップに的を絞った連載「夜露死苦現代詩2.0 ヒップホップの詩人たち」を2011年から再開することになった。

日本語ラップの専門誌はあいかわらずなかったけれど、そのころは日本語ラップに力を入れているレコード屋の店員さんに教えてもらったり、店頭の

『夜露死苦現代詩』(新潮社、2006年/ちくま文庫、2010年)

フライヤーを片っ端から集めて、ライブに行くようになったりしていた。

日本語だから英語よりはもちろんわかりやすいけれど、歌詞カードがついてないCDがけっこう多いのにまずびっくり。いまでもそうだと思う。「読むより耳を澄まして聴いてくれ」というポリシーで、あえてリリックを掲載しないラッパーもいるけれど、たいていはわずかでも経費を節約したいから。でも、めげずに聴いてると、素晴らしいリリックがたくさんあった。すごく人気のあるラッパーもいて、ライブになると渋谷の大きなハコが、超満員の観客で酸欠状態になっていたりする。夜中の12時過ぎに会場に入って、お目当てのラッパーが出てくるのが3時過ぎで、それまで下におろした腕を上げることすらできないくらいの混み方で、倒れそうになったこともあった。

それほど人気のある音楽なのに、ラジオではまったくかからない。音楽雑誌にも出てこない。これってなんなんだろう？　と素朴な疑問がまず湧いた。どうしてだれも、きちんと取り上げないのかって。新譜紹介にからめた大手レコード・ショップのウェブ・インタビュー記事とかはあっても、ほとんどは内輪のノリだし、ヒップホップを知らない部外者にはよくわからない。そしてなによりも新譜紹介ではなく、アーティストのひととなりがわかるような文献がなにもない。でも実はたくさんの人間が聴いていて、なのにここまで既存のメディアが避けている音楽があるって、どういうことなのかと、ものすごく取材意欲が搔き立てられた。

『夜露死苦現代詩』ほどではなかったけれど、ラッパーたちの大半は、大手のレコード会社ともプロダクションとも無縁、マネージャーすらいなかったりして、本人と連絡を取るのがまず大変とか、始めてみてからわかったことがいろいろあった。CDに書いてあるレーベルのウェブサイトを探して、メールを出しても返ってこなくて、Twitterで本人を探してコンタクトしてみたり。それでもダメなときには、とにかくライブに行って出口で待つ。50代にして渋谷のライブハウスで出待ちって……(笑)。

それでやっぱり『夜露死苦現代詩』のときと同じように、彼らの活動する場所に極力、行かせてもらうことにした。テーマのひとつに「地方のラッパー」というのがあって、あとで詳しく話すけれど、彼らのホームグラウンドで会いたかったから。東京の事務所やライブハウスの楽屋ではなくて。「いちばん、いつもいるところを教えてください、そこに行きますから」ってお願いして、それはファミレスのときもあったし、友達のカフェや、家の近くの居酒屋というのもあった。国道沿いのカラオケボックスというときもあった。いつもそこで練習してるんで、って。

それで「今度の新譜はどんなコンセプトで?」とかではなくて、「どういうお父さんとお母さんで、小学校のころはどんな子供でした?」とかから聞いていく。ヒップホップの世界では超有名なラッパーから、あまり知られてない新人までいろいろ取材させてもらったけれど、みんな「そんな個人的なことを聞かれたのは初めて」とびっくりしていた。

ラッパーのなかにはかなり歪んだ少年時代を送ってきた人間が少なくない。ちょっと、ではなくてかなりのワルだったりもする。そういうことを敢えて聞かせてもらったのは、なにも興味本位ではなくて、どういうところからこんな言葉が生まれてきたのか、を見極めたかったからだ。

だれも国語の授業なんかまともに受けてこなかった。鑑別所で初めて宮沢賢治を読んで感動、なんてケースもあった。世間が思う「詩人」というイメージからもっとも遠く離れた場所に育って、そこからこんなにもシャープで、リアルなリリックが出てくる。それはおもしろいというより、僕にとっては「空恐ろしい」というほうが当たっている気持ちだった。札幌のB.I.G.JOEのように、ヘロインの密輸で捕まって、オーストラリアの刑務所で6年も服役して、そのあいだにリリックを書いては電話口でラップして、それを札幌の友達が電話越しに録音して、バックトラックをつけてCDにして発表してしまうとか、考えられない展開だったから。それでB.I.G.JOEに「服役中によく読んだ本ってありますか？」って聞いたら、「『ゲーテの手紙』かな」なんてさらっと言われたり。

彼らのホームグラウンドでインタビューさせてもらって、ライブに行って写真を撮って……それがまた大変で。「池袋のBEDでやります、俺の順番は（午前）4時くらい」とか（笑）。ヒップホップのライブって、なぜか照明をちゃんとしないというか、暗いままやるのが決まりらしく、高感度のデジカメでもブレまくったりする。もちろんライブハウスでは、いつだって僕が飛び抜けて最年長だったし。それで最前列で必死に写真撮ってたから、客からはいったいなんなんだと思われてたかもしれない。

そしてそのあと、さらなる難関がリリックの聞き取り作業。歌詞カードがない場合が多かったから、音源を何十回もリピートしながら、とにかく聞き取れるだけ聞き取って、ラッパーに見せて直してもらって完成させる。それが大変すぎたこともあって、担当編集者が途中で交代したくらい。

でも、そうやってじっくり彼らの書いたリリックを読んでみると、たとえばいま、この時代に25歳でいることのリアリティ、みたいなのがすごく見えてくる。悪いことばかり自慢してるのではなくて、引きこもりだった過去とか、家族を泣かせたこととか、バイトをクビになったこととか。

自分がガキだったころはフォーク全盛期だったけれど、もしかしたらそれぞれの時代に、いちばんストレートに若い人間の気持ちを乗せられる音楽のフォームというのがあるのかもしれない。

たとえば1960年代にはそれが、ギター1本あればできたフォークだったのかもしれないし、70年代にはあまり練習しなくても大きな音が出せるロックバンドだったのかもしれない。それがパンクだったこともあるし、いまは確実にヒップホップだということ。連載で取り上げたなかには、経済的に恵まれない環境で育ったラッパーがたくさんいた。パンクバンドだって楽器と練習スタジオの借り賃は必要だけれど、ラップならギターすらいらない。ラジカセ1個あればいいし、だれかが口でビートボックスをやれば、それすらいらない。声だけあればできる。楽器を買う必要も、音階練習する必要も、歌がうまい必要すらない。思いを、そのままリリックに乗せればいい。

そういえばダースレイダーが言っていた。ラップには「サイファー」というのがあって、みんなで集まって、ビートに乗せてどんどんラップを交わしていく。かつての連歌のように、それも瞬間的に言葉をつなげていくゲーム。それであるとき、ラジカセでビートを流しながら渋谷の駅前でサイファーしてたら、警官に怒られたという。公共の場で、大きな音を出すんじゃないと。じゃあいいですよって、だれかがヒューマンビートボックスを始めて、それでサイファーを続けたって。それなら多少大きな声で話してるのと同じだから、警官も取り締まりようがない（笑）。最高でしょ。

そんなふうに夢中で取材しながら連載を1年ちょっと続けて、2013年に単行本の『ヒップホップの詩人たち』を世に出すことができた。登場ラッパー15人で約600ページ。文芸誌はたくさんページが取れるので、リリックをきちんと掲載できる。それで連載時には毎回20ページ前後のボリュームになっていたからしょうがないけれど、値段が3888円。ページあたり6

円だから！　とこちらは思っても、「くっそ高え」とかTwitterで書かれたり。お前、ユニクロでも3800円ぐらい使うだろ、ニューエラのキャップのほうが高いだろって言い返したくなった（笑）。

けっこう苦労はあって、それはそれでおもしろかったけれど、もしこれを業界内部の音楽ライターがやったとしたら、もっとずっと簡単にできたはずだ。おたがい知り合いだったり、業界の背景も内部事情もよくわかってるだろうし。CD買わなくても見本盤をもらえるだろうし。こっちはなんにも知らないから、何倍も時間も手間もカネもかかるのであって。

前に「外国取材でもコーディネーターを使わない」って話をした。専門の旅行メディアが専門のコーディネーターを使って同じことをしたら、僕の10分の1の苦労と速さで本や番組ができると思うけれど、彼らはやらない。ラップもまったく同じ。内部の人間がやろうとしないから、やむをえずこっちがやる。

仕事の量と時間からしたら、原稿料や印税をもらうよりも、だれかが作った本を買って読んでるほうがずっといい。そういう本がもしあれば。でも、ない。

だからつくづく思う、僕はいつも部外者だった。インテリアデザインだって、アートだって、音楽だって文学だって。それでも取材ができて、本が作れたというのはどういうことかというと、ようするに「専門家の怠慢」。これに尽きる。専門家が動いてくれたらこっちは読者でいられるのに。彼らが動かないから、こちらが動く。それがなんとか仕事に結びついて、大したカネにはならないけれど、なんとか生きていける。そういう危ない橋というか、タイトロープをずっと渡ってるということ。いつまでたっても「印税生活」というネオン輝く対岸には着かないけれど。

『ヒップホップの詩人たち』（新潮社、2013年）

第５章

だれのために本を作っているのですか？

東京に背を向けて

『ヒップホップの詩人たち』で、ラッパーたちのインタビューをなるべく地元でさせてもらったのは、彼らの生活の場の雰囲気を感じ取りたかったのもあるけれど、もうひとつは「地方と東京の関係」がいま、大きく変わりつつあるのではという思いを確かめたかったからでもある。

リサーチのためにCDを買いまくるようになって気がついたのは、地方在住のラッパーで、東京のショップではCDを買えなくて、たまの東京でのライブの際に会場でゲットするしかない、というケースがけっこうあったこと。リリックでもベテラン格のザ・ブルーハーブのようなグループは、「レペゼン札幌・アンチ東京」というスタンスを明確に歌っているし。そういう地元愛というか、レペゼン意識というか、「東京、興味ないっす」というメンタリティに、すごく興味を惹かれた。

ちょっと前までだったら、たとえば僕が音楽で生きていこうとしたら、とにかく東京に出てこないとどうしようもなかったろう。高円寺あたりに安アパートを借りて、バイトで食いつなぎながら貸しスタジオで練習して、デモテープを作ってはレコード会社に送り続けて、運よく拾われたらデビュー、みたいな。だからこそ高円寺のような街がおもしろかったし、『TOKYO STYLE』のような本ができたのでもある。

いまはもう、そういう時代じゃない。自分の地元で、仲間たちと好きな音楽を作って、自分たちでレコーディングもCD制作もこなして、ライブ会場かウェブサイトで売る。「東京さ行くだ」じゃなくて、「聴きたきゃ来れば」というスタンス。

東京のレコード会社の言いなりになる必要はないし、配信や販売のネットワークも自分たちで構築できるから、地方からいきなり世界とつながれる。そういう「東京と地方の立場逆転」という状況はインターネットが生み出したものでもあるけれど、そこにいちばん気がついていないのは東京のマスメディアや、既得権益の中で生きてきたレコード会社や芸能プロダクションなのかもしれない。

誤解されないように言っておくと、それはなにも「いま地方が盛り上がってるから」とかでは、まったくない。『ヒップホップの詩人たち』の一番手に登場する田我流（でんがりゅう）は、地元の山梨県甲府市で撮影された『サウダーヂ』（監督／富田克也）という映画に主役として出演していて、そこでもきっちり描かれていたように、いま日本の地方が置かれている状況は、ほんとうにどうしようもない。シャッター商店街と郊外化。若者に仕事は見つからないし、賃金は低値安定だし、文化的なプロジェクトなんてなにもない。

セックスとクルマしかなくて、でもどこを運転してもイオンタウンと洋服の青山と東京靴流通センターとパチンコ屋とファミレスがあるだけ。そういう、東京とは比べものにならない閉塞感でがんじがらめになっているからこそ、「ひどすぎて笑える」くらいのやりきれなさだからこそ、こころを打つなにかが生まれてくる。ほんとうにすごいものは、ぬるま湯からは生まれないから。「マイルドヤンキー」とか騒いでるマスコミは、その絶望感がまったくわかっていない。

『新潮』にヒップホップの連載をしていた、ちょうど同じころに『VOBO』というウェブサイトにも、ちょっと……というか、かなり変わった連載をしていた。

この本を手にとるようなひとが知っているかどうかは疑問だけれど、『ニャン2倶楽部Z』っていうエロ雑誌がある。もう創刊から20年以上の歴史を誇る長寿エロ雑誌なのだが（惜しくも2015年10月をもって休刊！）、これはただの美少女モデル・グラビアではなくて、「素人露出投稿」でほぼまるごと構成されている。自分の奥さんや彼女や愛人や奴隷を、いろんな場所で裸にしたり縛ったり、お友達や偶然出会った男性に抱かせたりして、それを写真に撮っては「どうです、すごいでしょう」って送ってくる。素人くさいエロの味と、男の見栄を同時に満たせる媒体というか……。『VOBO』はそのスピンオフともいうべき、手作りウェブサイトだった。

雑誌にもいろいろあるけれど、やっぱり上下関係の最底辺にあるのって、エロ雑誌だろう。

そのエロ雑誌にもやっぱり上下関係があって、売れっ子のモデルやAV女優をきれいに撮影したグラビア雑誌が頂点だとすると、読者の投稿だけで成り立っている『ニャン2』のような露出投稿雑誌は、エロ雑誌界の最底辺だ。エロというより、グロと言いたいページのほうが多いくらいだし。ド変態だし。

ただ、そんな最底辺の露出投稿雑誌にあっても、写真を投稿できるひとたちは、やっぱり恵まれた部類でもある。とんでもないことをさせて、写真に撮らせてくれる相手がいるのだから。そういう相手すらいない、写真を撮ることさえできない人間でもなにかを発信できる場所、それが「投稿イラスト」コーナーだ。

エロにかぎらず、専門誌では投稿コーナーを設けていることが多い。だいたい巻末に近いページに。たとえばデコトラ専門誌だと、まだ免許は取れない中学生のデコトラ・ファンが、好きなデコトラの精密なイラストを描いて送ってきたりする。ああいうのが僕は昔からすごく好きで、エロ雑誌にもそれは当然ある。

脳内は妄想でパンパンに膨らんでるけれど、自分には縛らせたり、調教させてくれる相手がいない。カネで買うこともできない、それどころか女性に声をかけることすら苦手。そういう男たちが自分の妄想を絵にしては、送ってくる。なかには毎月何枚も。なかには創刊以来20年以上、欠かさずに。

誌面を見てもらえたらわかるけれど、そういう投稿イラストは採用されても、最大で名刺サイズほどにしか載らないし、掲載料だって微々たるもの。しかも採用されたかどうかの連絡もなければ、作品の返却もない。描くほうにしてみたら、いちど送ると返ってこないのだから、実質「描き捨て」ということ。それでも毎月、発売日に本屋に行って「今月は載ってるかな？」とかドキドキしながらページをめくって、また家に帰って描く。できあがったら、また送る。そういう人生を20年続けてる人間がいるって、考えたことある？

一般読者にしたら、たぶん「あんなページいらないから、少しでも写真ページを増やせ」と思うだろうし、投稿イラスト職人だって、これで有名になろうとは思ってないだろう。なんの得にもならないし、だれにも注目されないし。

そういう投稿イラスト職人を『VOBO』で毎週ひとりピックアップして、

「妄想芸術劇場」というタイトルで数ヶ月間連載していた。そんな投稿原稿はだいたいどこでも用が済んだら捨ててしまうのに、『ニャン2倶楽部Z』は何度か会社の引っ越しがあったのに、投稿イラストを捨てないで大事に保管してきた。それをぜんぶ投稿者別にまとめなおしてもらって、うちでスキャンして記事に仕上げるというやり方で、30人ほどの常連投稿者を掲載させてもらった。

なかにはほんとうにアートとして素晴らしいと思える作品もあった。特に狂気の度合いが突き抜けているというか、とんでもなくパワフルな絵を描く「ぴんから体操」という投稿ネームの投稿者には、あまりにも感銘を受けたので、なんとか本人にお願いして、デザイナーの松本弦人さんが主宰する「BCCKS」という自費出版システ

『妄想芸術劇場・ぴんから体操』（BCCKS、2012年）

ムを使って、僕が自分で『妄想芸術劇場・ぴんから体操』という作品集を作ったりもした。銀座のヴァニラ画廊でも展覧会が開かれ、やはり反響が大きかったので、それ以降も定期的に展覧会が続いている。

ぴんから体操さんは『ニャン2倶楽部Z』に、もう20年以上投稿を続けているから、それなりの年齢ではあるけれど、時代によって画風が一変し続けていたりして、それも魅力のひとつ。ここで解説している余裕はないので、できたら作品集を見てもらいたいが、いまから20年くらい前にはリリー・フランキーさんも彼の絵にノックアウトされて、渋谷の展示スペースを自費で借りて、展覧会を開いたくらいだから。

そういう投稿イラスト職人って、いったいどんな人間なのか、当然知りたくなる。なので、『VOBO』での掲載に際しては毎回、編集部からインタビューのお願いをしてもらった。そしたら30人以上に声をかけて、会ってもらえたのが3人だけ。

彼らにとって『ニャン2』というプラットフォームは、生きていく上でほんとうにかけがえのない存在のはず。いつもは黙って掲載されたり落とされたりしてるだけなのに、その編集部から直接連絡があって、うれしいはずではあるけれど、それでも「どう使ってもらってもかまわないけど、会いに来るのだけはやめてくれ」というひとが大半だった。いったいどういうことなんだろうって、すごくびっくりした。

彼らにとっては、妄想を具現化した絵があって、それだけが外の世界との接点なのかもしれない。それ以外に接点を持ちたくないのかもしれない。接点を持とうとしても持てない、精神的や肉体的な障害があるのかもしれない。投稿の封筒裏に書いてあるから、投稿者の住所はわかってる。そこに東京の港区や渋谷区なんて地名はなくて、すべて地方、すべて郊外だったのも印象的だった。あまりにも気になるので、グーグル・ストリートビューでどんなところなのかチェックしたりして（笑）。

アートという蜘蛛の糸

そういう閉じられた世界の中で、自分だけの表現に没入している人間を見ると、僕は数年前に出会った「死刑囚の絵画」を思い出す。

前に死刑囚の俳句のことをちょっと話したけど、同じように閉じ込められた極限状況の中で、絵に救いを見出す囚人たちも、もちろんいる。

そういう絵をまとめて見ることになったきっかけは、2012年に広島市郊外の「カフェ・テアトロ・アビエルト」という小さな劇場兼カフェで、「死刑囚の絵展」というのが開かれるという小さな記事を、新聞かネットか忘れたけれど、偶然見かけたこと。そのときは仙台で仕事していて、でもどうしても気になって、調べてみたら仙台~広島間を飛んでる飛行機が1日1便だけあったので、すぐに翌日の席を予約して、とりあえず行ってみた。

それは、いつもはステージになっている空間に板で壁を立てただけの、手作り感満載の小さな展覧会だったけれど、いきなり立ちすくんでしまうくらいヘヴィな絵ばかりだった。

和歌山毒物カレー事件の林眞須美のような有名死刑囚の絵もあれば、ものすごく達者なスケッチもあるし、明日死刑執行かもしれないのに、お気楽なマンガを描いてる死刑囚もいて……。めちゃくちゃに感動しつつ、どうしてこんなにすごい表現が、まったく美術館や美術メディアで取り上げられてこなかったのかと思ったら、悔しくて悔しくて。それで、その場で写真を撮らせてもらうようお願いして、メールマガジンで特集させてもらった。その記事を読んでくれたキュレーターが、翌年には広島県福山市の「鞆の津ミュージアム」という、アウトサイダー・アートに特化した小さな美術館で展覧会を開いて、オープン前には抗議や非難がずいぶんあったらしいけれど、蓋を開けてみれば開館以来最大の入場者数を記録する大反響だった。美術雑誌がやらなくたって、ＮＨＫの美術番組に取り上げられなくたって、見るひとはちゃんと見てるってこと。

これも同じころ、筑摩書房のウェブマガジンに「東京右半分」という連載をしていて、連載終了後にこれまた分厚い単行本になったけれど、その最後のほうで「オリエント工業」という、世界最高級のシリコン製ラブドールのメーカーを取材させてもらっている。

ラブドールというのは昔で言えば「ダッチワイフ」（これは和製英語じゃなくて、世界共通語らしい！）。生身の女性と付き合えない、付き合いたくない男たちの、性欲のはけ口として作られる人形のことだ。オリエント工業は上野御徒町にショールームがあって、そこに行くと美熟女から危険なほど若い少女まで、ずらーっとドールが並んでいる。それでちゃんとカウンセラーというか相談員がいて、「こういう好み、こういう欲求なら、こういう子が」というふうに、コンサルティングの上でセミオーダーするシステム。最高級品だと1体70万円以上するから当然だけれど、顔かたち、髪の毛の色、おっぱいの大きさ、陰毛の濃さまで指定できるようになっている。受注したら葛飾区にある工場にオーダーが行って、完成すると宅配便で発送されるときに、オリエントではそれを「お嫁入り」って呼んでる。ちなみに修理などで工場に返ってくる場合は「里帰り」。

それだけのお金を払って、いったいどんな人間がドールなんか買うのかと思うでしょ。何千円とかでおもちゃみたいなビニールの「ダッチワイフ」や、昔懐かしの「南極1号」を買うのとは桁がちがうから。僕も興味津々で取材させてもらった。

そうすると、なかにはもちろん「生身の女より、なんでも言うこと聞くドールのほうが」みたいな、フェティッシュ系のマニアもいる。でも、たとえば女性恐怖症や赤面症で、どうしても女性と自然に接することができないひともいる。からだに障害があって、女性と肉体的な付き合いができないひともいる。なかにはこんな例もあった。精神に障害のある男の子がいて、それでも年頃になれば性欲が湧く。やむをえず母親が手で処理してあげてたけれど、どんどん性欲が激しくなっていって、このままだと大変なことになってしまう……と悩みぬいていたときにオリエント工業のラブドールを知って、「私たち親子を救ってくれました」と感謝されたこともあるそう。だからオリエント工業にはちゃんと、障害者割引制度が設けられている。

そうやってラブドールと一緒に日々を過ごしていると、単なる高価なオナニー・ツールであることを超えて、パートナーのような存在になってくるケースも、当然出てくる。以前はラブドールなんて、ぜったい他人には知られたくない存在だったのが、最近は利用者の意識も変わりつつあって、オーナーたちが集まってオフ会を開いたり、みんなで旅行したりもする。もちろん、お気に入りのドールを助手席に乗せて。旅館を貸し切りにして、ドールを隣に座らせて宴会したり。

そうやってオリエント工業とお付き合いしているうちに、あるとき「審査員やってもらえませんか？」と頼まれたことがあって、それはオリエントが何年かにいちど開催している「自慢のラブドール写真コンテスト」だった。

ラブドールの写真というと、変態っぽいのを想像するひとがほとんどだろうけれど、そういうのはほとんどなくて、言うなればすごく「ふつう」の写真ばかりだった。エプロン姿で台所に立ってサラダ作ってたり、パジャマ着てパソコンいじってたり、スキーウェアでゲレンデにいたり！　これがラブドールだって言われなかったら、ただのガールフレンドのスナップ写真にしか見えないかもしれない。だからこそ「性具」を超えたオーナーとドールの関係性が、ひたひたと見えてくる。恋人であったり、妹であったり、お姉さんであったり。それはまさしく「ラブ」なんだけど、世間はそれが生身の女じゃなくて、ドールだというだけで、変態としか見なさない。

「教養を高めるため」から「有名になってカネを稼ぐため」まで、アートの役割にもいろいろある。どれがよくてどれが悪いというのはないけれど、世の中でいちばんアートを必要としているのは、描くことが生きることと同義語であるようなアウトサイダーであるとか、明日死刑になるかもしれない最後の時間に絵筆を持つ死刑囚とか、露出投稿雑誌に掲載されるのが人生唯一の楽しみであるようなイラスト職人とか、ドールにだけ自分の気持ちをぶつけられるアマチュア写真家とか、そういう「閉じ込められてしまったひとたち」ではないのか。アートは彼らにとっての、最後の命綱ではないのか。知的な探求としてのアートはもちろんあるし、あってしかるべきだけれど、そのずっと前に、人間ひとりの命を救えるアートというのがある。それを僕は知ってもらいたいだけ。そういうことは本来、アート・ジャーナリズムの役目だと思うけれど、だれもやろうとしないから。

根本敬たちがもう30年以上続けている、「幻の名盤解放同盟」という活動がある。だれも知らなかったり、知ろうともしないできた規格外の音楽を探して紹介するという。あの解放同盟のスタートには「すべての音盤は、すべからくターンテーブルで平等に再生表現される権利を有する」という宣言がある。アートだってまったく同じ。すべての描かれた絵は、平等に壁に掛けられて、平等に鑑賞される権利がある。それに好き嫌いを言うのは勝手だけど、見ないでバカにするのは許せないから。アートに評価の高い低いや、値段の高い低いはある。でもそこに、ほんとうの優劣はないはずなのに。

美大というワナ

ずーっと美術雑誌でやりたい特集があって、でも何回提案しても拒否られているのに、「アートを滅ぼすのは美術大学だ」という企画がある。

たとえば学校の勉強にはぜんぜん興味が持てないし、成績も最悪だけど、ノートに落書きしたり、自分の部屋で絵を描いたりしてるときだけは楽しいって子どもがいるでしょう。


そういう子どもが高校2年生の進路相談になって「美大に行きたいんです」って言い出すと、まず美大専門の予備校に行かなくちゃならない。で、試験のために、自分にはなんの興味もない、いまから2000年前とかの古代ギリシャ人やローマ人の石膏像を延々デッサンさせられる。それで運よく入学できたとして、そうすると今度は「まずコンセプトを説明しろ」とか言われる。予備校で指導してる先生だって、美大生や院生なのに。難しい本読んでも頭痛くなるだけで、他人の前でうまくしゃべったりもできない、それでも絵だけが救いだった子どもたちが美大で直面するのは、そういう事態だ。

そうやって、「ほかになんにもできないけれど、絵だけは好き」な子どもが潰されていく。

しかもいまの美大って、入学金も授業料もすごく高い。何百万円も払える家庭に育たないと、美術の専門教育すら受けられない。カネがないなら国公立大学を目指せばいいのかもしれないけれど、いま日本で最高の美術系の大学って、やっぱり東京藝大でしょう。そこに入りたくて10浪とかしてる受験生が、信じられないことにいまだにいる。司法試験じゃあるまいし。18歳から28歳まで、その10年間でどれだけ自分の絵が描けるか、考えてみてほしい。

知り合いに藝大で授業を持っている先生が何人かいるので、たまにトークに呼ばれることがある。そこでまずびっくりさせられたのが、「謝礼を振り込むのに書類に記入してください」と言われたとき。別に何十万円ではなくて、1万円とか2万円だけど。でもまあ、それは仕方ないと思って住所だのなんだの記入していると、「出身学校と最終学歴」なんて項目がある。「え？」と思って聞き返すと、係のスタッフがすまなそうに「これも記入していただかないと……」と言う。「最終学歴とか関係あるの？」って聞いたら、「それによって謝礼の金額がちがうんです」と！　大学院出てるやつのほうが、高卒より謝礼が何千円か高い（笑）。思わず「麴町中学校卒」って書いたけど

（笑）。最低でしょ。

そういう大学が、日本で最高のアートスクールだという現実。それで何年も受験勉強して、やっと入学して4年間がんばって、先生に気に入られて研究室に入ったり助手になったりして、そのうち日展とか目指して、最終的には芸術院へ……そのときはすでに80歳オーバーだろうけど。だから、そんな美大なんて人生かけて目指すものじゃないというのを、いちどきっちり言ったほうがいいと思うんだけど、雑誌はぜったいやってくれない。だって美大とか、その流れの芸術団体とかが、大きな広告主だから。

だから、もしいま美大に在籍してるひとがこれを読んでくれているとしたら、もう学校は「いろいろ機材が使えるでかいレンタルアトリエ」と割りきったほうがいいし、先生や助手は版画のプレス機の操作とか、技術的にわからないことを教えてくれるひと、くらいに思ったほうがいい。講評で先生に褒められたら、それは「やばい」と思ったほうがいい。「こんなの俺にはわからねえ」ってボロくそ言われるのが、最高の賛辞だと思えばいい。それで、美大の卒業資格には社会的な価値なんてないんだから、無駄だと思った瞬間に退学したほうがいい、ほんとに。

もし自分がロックバンドをやりたかったら、ギター買って練習するだけだ。音楽大学を目指して、予備校行ったりしないだろう。ラッパーや小説家になりたかったら、ノート買ってリリックや文章書くだけだろう、ひたすら。文学部国文科とか目指さない。でも、アートだけはちがう。それって、おかしくないか？

第6章

編集者にできることって何でしょう？

編集者という生きもの

２０１０年に広島市現代美術館で、企画展エリアをまるごと使った『HEAVEN 都築響一と巡る 社会の窓から見たニッポン』という、なかなかとんでもなく大規模な個展を開くことができた。キュレーターにとってもかなりの冒険だったろう。その「序文」として僕はこんな文章を書いて、展覧会場の入口に、ものすごく大きくプリントして貼ってもらった。

ひとつの文字が、たしか15センチ角ぐらい（笑）。来てくれたひとがイヤでも読んでくれるように――

僕はジャーナリストだ。アーティストじゃない。ジャーナリストの仕事とは、最前線にいつづけることだ。そして戦争の最前線が大統領執務室ではなく泥にまみれた大地にあるように、アートの最前線は美術館や美術大学ではなく、天才とクズと、真実とハッタリがからみあうストリートにある。

ほんとうに新しいなにかに出会ったとき、人はすぐさまそれを美しいとか、優れているとか評価できはしない。最高なのか最低なのか判断できないけれど、こころの内側を逆撫でされたような、いても立ってもいられない気持ちにさせられる、なにか。評論家が司令部で戦況を読み解く人間だとしたら、ジャーナリストは泥まみれになりながら、そんな「わけがわからないけど気になってしょうがないもの」に突っ込んでいく一兵卒なのだろう。

戦場で兵士が命を落とすように、そこでは勘違いしたジャーナリストが仕事生命を危険にさらす。でも解釈を許さない生のリアリティは、最前線にしかありえない。そして日本の最前線=ストリートはつねに発情しているのだし、発情する日本のストリートは「わけがわからないけど気になってしょうがないもの」だらけだ。

この展覧会の主役は彼ら、名もないストリートの作り手たちだ。文化的なメディアからはいっさい黙殺されつづけてきた、路傍の天才たちだ。自分たちはアートを作ってるなんて、まったく思ってない彼らのクリエイティヴィティの純度が、いまや美術館を飾るアーティストの「作品」よりもはるかに、僕らの眼とこころに突き刺さってくるのは、どういうことなのだろう。アートじゃないはずのものが、はるかにアーティスティックに見えてしまうのは、なぜなんだろう。

僕の写真、僕の本はそんな彼らを記録し、あとの世に伝える道具に過ぎない。これからお目にかける写真がどう撮られたかではなく、なにが写っているかを見ていただけたら幸いである。

これは発情する最前線からの緊急報なのだから。

ま、これだけ読んでくれれば、この本で言いたいことはおしまいなので……(笑)。

「肩書は?」って聞かれると「編集者」と答えることにしていて、展覧会になると「編集者／写真家」になったりするけれど、基本的には編集者。

ジャーナリストでもいいけれど、かっこよすぎだし。

　写真を撮り始めたころの話で出たかもしれないけれど、僕は「取材」をしたいのであって、かっこいい写真を撮りたいわけじゃない。だからほんとうなら撮影とかは専門家に任せたいけれど、予算もないし、意図を説明する余裕もない。それで仕方なく自分で写真も撮り、記事も書いて、ときにはデザインもやったりして、という生活が続いているけれど、それはあくまでも「仕方なく」。前はそのあたりのことを聞かれるたびに強調してたけど、なんだか嫌味に聞こえるらしいので、いまはもうなるべく言わない。

　たまには美術館で展覧会もや

『HEAVEN 都築響一と巡る 社会の窓から見たニッポン』（青幻舎、２０１０年）

るのだし、「アーティストでしょ」って言われることもよくあって、「いや、あくまでも編集者だから」「でも、その取材対象を見つけていくプロセスがアートなんだよ」って。それはありがたいけれど、自分で自分を「アーティスト」だなんて、ぜったいに思わないようにしてる。

だから肩書なんてどうでもいいんだけど、評論家では絶対にない。それだけはハッキリさせておきたい。

昔から評論家というひとたちとうまくいかないことが多くて、いまだに親友はひとりもいない。「一流の評論家より、二流の実作者のほうが偉い」と僕は信じていて、それが大方の評論家にはわかってないというのもあるけれど、基本的にジャーナリストと評論家では役割が異なるということ。

評論家の役割というのは、たくさんあるなかから、自分の名前を懸けて「これがいい」っていうひとつを選ぶことだと、僕は思ってる。そのチョイスと説得力が勝負だ。

でもジャーナリストはその逆で、みんなが「これがいい」と言っているところで、「いや、こういうのもアリじゃないのか」という、選択肢をなるべくたくさん示すのが役割じゃないかと信じてる。みんなが「現代美術とはこういうものだ」と言っているときに、「いや、こういうのも」と言ってみたり。それはみんなが「アメリカが悪い」「イスラムが悪い」と言っているときに、「いや、こういうひとたちもいる、こういう考え方もある」って見せるのと一緒。みんなが「大学ぐらい出ておかないと」「結婚して家庭を持たないと」って言われるなかで、「そうじゃなくてもハッピーなひとがいるし」っていう。

評論家とジャーナリスト、どちらが上か下かではなくて、役割がちがうだけ。実際の仕事は、その両極端のあいだをふらふらせざるを得なかったりもするけれど。そしてもちろん、さっきの評論家の話に戻れば「一流の取材者より、二流の実作者のほうが偉い」ことは言うまでもない。

たとえば『夜露死苦現代詩』では、いままで「詩」とは認識されてこなかった場所で、こんな詩もありうるのではと言いたかったのだし、『TOKYO STYLE』ではがんばって働いて郊外に家を買ったり、高級マンションを借りるだけじゃなくて、家賃5万円の木造アパートでもハッピーな生活はありうるんじゃないかと言いたかっただけ。それは「どっちがいいか」ではなくて、「どっちもいい」ということ。原稿用紙に万年筆で書くよりも、道路の壁にスプレーするほうが偉いわけでも、狭くて汚い部屋に住むほうが偉いわけでもない。上下関係ではなくて、すべては「好き嫌い」にすぎない。それをずっと言いたくて、いままで仕事してきたような気もする。

僕が10代のころは、まだスーツを着ている人間のほうが、ジーンズにTシャツの人間より圧倒的に「上」とされて、社会的な信用もあった。でもいまはスーツより高いジーンズなんて、いくらでもある。スーツかジーンズとTシャツかで、その人間を判断することはもう不可能だし、そんなのは人間の上下とは関係ないって、だれもがわかってる。でも建築やインテリアや、アート業界を見ていると、いまだにそういう風潮から抜けきれていない。広くてすっきりしてる部屋のほうが偉かったり、有名美大を卒業したほうが偉かったり。それをわずかでもぶち壊せたらと思ってるだけ。

自分だって狭いよりは広い部屋が好きだし（笑）。インタビューに来たひとに「え、けっこう広いとこに、きれいに住んでるじゃないですか」って非難がましく言われたこともあったけれど、別に「反・いい趣味」「反・いい生活」じゃないということが、なかなかわかってもらえない。「どっちもアリ」とわかってもらうことで、無用な劣等感やフラストレーションから自由になってもらいたいだけなのに……。

写真の分かれ道

写真を撮るようになったのは『TOKYO STYLE』からで、それは前に話したけれど、フィルムの時代から現在のデジタルまで、大型カメラからガラケーまで、ずいぶんいろんなカメラを使ってきた。いまでは自分の本は書店の「写真集」コーナーに並ぶようになったし、雑誌連載や本だけじゃなくて写真展もいろいろやらせてもらった。

最初が1998年、水戸芸術館の『都築響一のくるくる珍日本紀行展』で、そのあと『HAPPY VICTIMS 着倒れ方丈記』は日本だけではなくフランス、イギリス、ルクセンブルクからメキシコまで巡回したし、振り返ってみればもう展覧会歴も20年近くになる。

ただ、くどいようだけれど、僕が写真を撮るのはあくまでも取材記事を作るためで、「作品」にしたいわけではない。

たとえばアメリカの田舎を回っていると、そこらの町外れに廃屋があって、草ぼうぼうのなかに錆びたクルマが放ってあったりする。アートとして写真を撮るのは大変だけれど、「アートっぽい」写真を撮るのは簡単だな〜って、そういうときに思う（笑）。でも、アートなのかジャーナリズムなのか、作品なのか報道なのか、どっちにするのか決めなきゃならない。どっちもっていうのは、サルガドのような偉大な写真家ならともかく、ふつうは無理だから。ただもう「伝えたい！」という気持ちで撮ったのが、結果的に美しい写真作品になることはあるけれど、それは幸福な偶然や奇跡や、写真の神様の恩寵にすぎないのであって、最初からそれを狙うのは危険だと思っている。多くの写真家には賛同してもらえないだろうけれど。

いま写真というツールを使って作品をつくる日本人アーティストで、国際的にいちばん評価が高いのは杉本博司さんだろう。実は僕たちはふたりとも、同じ場所を撮影したことが何度かある。

杉本さんの作品のなかで、ろう人形による『最後の晩餐』という有名な大作があるけれど、あれは僕も『ROADSIDE JAPAN 珍日本紀行』で紹介している、伊豆のろう人形館の展示だ。まったく同じ被写体を、杉本さんは完全にセットアップして8×10の大型カメラで、モノクロームで撮影する。僕は手持ちの小さなカメラで、カラーでスナップする。とても同じ被写体とは思えない出来の差があるし、プリントの値段も千倍くらいちがうけれど、こっちはカラーだし、資料的な価値はむしろあるかも(笑)。

美術館に写真が展示されたときに、杉本さんの『最後の晩餐』を見て、その美しさや画面の深みに感動するひとはたくさんいるだろうけれど、「ここ、どこですか?」って聞くひとはあまりいないはず。僕の『最後の晩餐』も美術館に展示されたことがあるけれど、そこで「かっこいい写真ですね」と褒められるよりも、「ここ、どこですか!」って聞かれるほうが百倍うれしい。作品と報道の差って、そういうことだ。

杉本さんはカメラとフィルムと『最後の晩餐』のろう人形を使って、自分の世界をつくりあげたいという、いわば「造物主」だ。でも僕はそうじゃない。ろう人形館の空気感とか、無名のロウ人形師の情熱とか、そういうものを伝える「霊媒師」というか、「イタコ」のほうだ。だからこそ、自分の写真が評価されるのはもちろんうれしいけれど、その区別だけはいつも意識していなくてはと思う。自分で勝手にそう考えているだけで、そんな区別は軽々と飛び越えてしまう才能の持ち主もいるだろう。でも、さっきのアメリカの風景じゃないけれど、僕が取材する対象って、撮りようによっては簡単にアートっぽく見えちゃうのが、けっこう多いから。

写真のこと、もう少し話していい？　最初に撮影したのは『TOKYO STYLE』で、そのときはおもに4×5というサイズの大型カメラを使ったから、ふつうの「報道」というスタンスからは、ちょっとちがうふうに見られたかもしれない。

でもカメラの選択っていうのは、カメラマンにとっては「フィルムが大きいほうが高解像度で……」みたいな技術的な理由だけじゃない（と僕は思う）。対象というか、被写体と自分の心理的な関係から、「これはこのカメラで、このフォーマットで撮ろう」って決まることがずいぶんある。

藤原新也さんがいちど話してくれたのは、一眼レフというのは、ぐっとレンズが突き出した武器、という感覚がある。相手に突きつけるっていう。4×5や8×10という大型カメラは、きちんと三脚に固定して、ガラスに映る像を黒い布を被って見なくてはならないから、小さな窓を通して外の世界を観察しているような気持ちにさせる。それで藤原さんはポートレートを撮るときに、よく二眼レフを使うというわけ。なんでですか？って聞いたら、二眼レフは相手をまっすぐに見ないで、頭を下げてカメラを上から覗きこんで撮影する。あれが相手にお辞儀するというか、へりくだる感じを撮影されるほうも抱く。それで優しい表情になるって。笑い話みたいだけど、ぜったいそうだなって、僕も体験から思ってる。

それで『TOKYO STYLE』に戻るけれど、昔から日本の小さなアパートを「欧米からバカにされるウサギ小屋」的な感覚で撮影した写真は、もう無数にある。そういうのはたいてい35ミリのカメラで、モノクロでちょっと斜めで粒子荒れ気味だったりして、「みじめだな」というカメラマンの気持ちが、そのまま写真に出てる。

でも僕はそうではなくて、「狭いアパートもいいとこあるじゃないか！」という気持ちで取材を始めた。だからふつうの報道カメラマンが撮るようにではなくて、建築写真家が有名建築家の作品を撮るように、『家庭画報』の豪邸訪問ページのように、狭くて汚い部屋をなんとか美しく撮ってあげたかった。それが僕の、狭くて汚い部屋に対する気持ちだったし、僕なりのリスペクトとして、そういう大げさなフォーマットで撮影させてもらった。

特にいまはデジカメの性能が格段にアップしたし、「いい被写体があれば、写真はだれがどう撮っても大差ない」って思われるかもしれないけれど、意外に撮影者の気持ちがあらわになってしまうのが、写真のおもしろいところでもある。隠そうとしても、けっこう見えてしまうもの。だからこそ、僕は自分がおもしろがれない企画の撮影はできない。いくら取りつくろっても、ぜったい相手にバレちゃうって思ってるから。もちろん、広告写真のような世界もあって、それはまた別の優れた技術だから、一概には言えないけれど。ま、自分にはそんな仕事はもともと来ないし（笑）。

検索という麻薬

「どうやってネタを探すんですか」と、「どうやったらそういうふうにスキマ狙いできるんですか」というのが、インタビューを受けるときの二大質問かもしれない（笑）。

ここで声を大にして言いたいのは、『TOKYO STYLE』のときからスナックの取材にいたるまでずっと、僕が取材してきたのは「スキマ」じゃなくて「大多数」だから。有名建築家がデザインした豪邸に住んでるひとより、狭い賃貸マンションに住んでるひとのほうがずっと多いはず。デートで豪華なホテルに泊まるひとより、国道沿いのラブホテルに泊まるひとのほうがずっと多いはず。ご飯食べて2軒目行こうってなったときに、高級ワインバーより、カラオケスナックに行くひとのほうがずっと多いはず。それだけ。

みんながやってることを、どうしてメディアは取り上げられないのか。それが僕には長いこと疑問だった。もし、みんなにはできない、ひと握りのひとたちにしかできないことしか取り上げられないのなら、みんながやっていること、みんなが行っているところは価値がないのか。劣っているのか。そうやって羨望や欲求不満を煽っていくシステムや誌面作りにほとほと嫌気が差したから、みんなと一緒の場所にいようとしているだけ。だからもう既存のメディアから、ほとんど仕事が来ないわけだけど（笑）。

みんながやってることを記事にするとは、どういうことかというと、「取材が楽」ということでもある。皮肉ではなく、ほんとうに。探さないと見つからない、というものではなく、どこにでもあるもの。スナックだってラブホテルだってワンルームマンションだって、そこらへんにいくらでもあるものばかりだから。

僕の情報源なんて、大したことない。歩いてるうちに出会ったり、友だちに教えてもらったり、飲み屋で知り合ったひとに案内してもらったり……もちろんネットで探したりもするけれど、それはそうやってなにかを見つけかかってからのことで、最初から延々ネットサーフィンしてても意味がない。「東京　おもしろい場所」とか検索して、どんなのがヒットすると思う？（笑）なにかが気になったとして、検索で簡単に見つかるものは、ようするにだれかがすでにやってるってことだ。それならその記事を見ればいいことで、自分で取材する必要はない。

だからもし僕が雑誌の編集長になったとしたら、編集部でネットばかり見てる編集者は全員クビにしたい（笑）。とりあえず昼間は会社にいちゃダメ、自分で外行ってなにか探せって。たとえばヒップホップの記事を書くとする。日本のヒップホップの情報を包括的にチェックできるウェブサイトなんてひとつもないけれど、レコード屋やクラブに行けば、これからのライブや、新譜のフライヤーが何十枚も置いてある。展覧会の情報だって、どんな雑誌に頼るよりも、美術館や画廊の壁にべたべた貼ってあるポスターやチラシのほうが、はるかに役に立つ。

そういう意味で、僕がいまいちばんわからないのが「まとめサイト」だ。だってあれ、他人の苦労を勝手にコピペしてるだけでしょう。

僕のメールマガジンでも、すぐに取材に行けない海外のネタを扱うことはよくある。でも勝手にコピペしたりは絶対にしない、あたりまえだけど。本人のサイトやFacebookや、いろんな手段でなんとか連絡をつけて、意図を説明して情報を送ってもらう。そういうやりとりをしてるうちに、タイミングよく海外のどこかで会えることもある。

いくらメールやメッセージを送っても、完全に無視されることだって少なくないし、途中までうまく行ったのに最後でダメになった記事だってある。それは苦労も多いし、効率も悪いやり方だけれど、だからこそ楽しい。うまくいったときの喜びも大きい。

でも「まとめサイト」に、そういう喜びはゼロだ。自分はなにも動かないで「まとめて」るだけだから。それはアフィリエイト広告で儲けるためとか、いろいろ理由はあるのだろうけれど、とにかくサイトから「熱量」がまったく感じられない。そういう場所で、そういう行為で、自分をすり減らしている「書き手」がたくさんいるということが、僕にはよくわからない。編集者なんて時給に換算したら、もう悲惨としか言いようのない仕事なんだから。それでやってることがおもしろくなかったら、そこになにがあるのだろう？

下調べの功罪

もともと若者雑誌出身なのに、ここ数年はなぜかやたらと老人関係の本が多い……『巡礼 珍日本超老伝』に始まって、『性豪 安田老人回想録』、『独居老人スタイル』。さらに『天国は水割りの味がする 東京スナック魅酒乱』や『演歌よ今夜も有難う 知られざるインディーズ演歌の世界』、『東京スナック飲みある記 ママさんボトル入ります！』も、ほぼ老人本だから。表紙だけ並べてみると、自分でも唖然とする。

でもそれは高齢化社会だから、「これからは老人がくる！」とか狙って作ったわけじゃない。おもしろいことをして、おもしろく生きているひとを探していたら、いつのまにかお達者くらぶみたいになっていただけ（笑）。

そういう本を作るときには、ネットなんかぜんぜん役に立たない。だって老人たちはネットなんかやってないのだし、スマホもメールもなかったりするから。それはインターネットとは別の、リアルな人間ネットワークがあるってことでもある。僕らが一緒に暮らす、このひとつの空間に。

「食べログ」や「ぐるなび」にどれだけの数の飲食店が出ているのか想像もつかないけれど、カラオケスナックなんてまったく出ていない。たかがランチ1回食べただけで星いくつとか言ってる、偉そうな他人の評価を必要としていないから。

取材したい老人が有名だったりすればともかく、たいていはまったく無名のひと。そういうときにどうするかといえば、白紙の状態で行くしかない。

有名でもなんでもないけれど、自分の好きな、自分の信じた道をずーっと歩いている70代、80代のひとたちがいる。そういうひとに会いに行きたいとして、いくら高いお土産を持参しても、有名な雑誌の名刺を出しても、ぺこぺこ土下座してみても、こっちが「ネタとして来てるんだし」とか心のなかで思っていたら、それは絶対に見透かされてしまう。自分よりはるかに人生経験の豊かなひとたちに、取りつくろってみせても無駄だから。そのひとのやっているいることがほんとうにおもしろい、興味ある、素敵だ！　というリスペクトの気持ちを持っていなかったら、見破られてしまう。「オレは見破られない」と思ってる同業者もいるだろうけど、それはあっちがわかってて黙ってるだけのこと。

取材に行くときに「調べすぎない」ということを、だからこころがけている。もちろん、なにも調べないで行くのも失礼な話で、うちにインタビューに来るライターで「本は一冊も読んだことないんですけど、Facebookはよく見てます」なんていうやつがけっこういるから（笑）。

たいていのひとはインタビューにも慣れてないし、ネットを調べて大して情報が得られるわけでもない。毎月、何十人という人間に会うけれど、ウィキペディアに名前が載ってるひとなんて、百人にひとりぐらいかもしれない。

もちろん調べられるだけのことは事前に調べるけれど、肝心なのはそれを一度忘れること。「このひとを知らない読者でも納得できるように」って思うから。知った気になって会うと、聞くべきことを聞けなくなったりする。

マニアではなくて読者代表の一般人としてお話を聞いて、なにも知らないひとが記事を読んでも興味をそそられて、その場所を見に行きたいとか、そのひとに会いに行きたいと思ってもらえるような記事を書きたい、それが僕の目標。

たとえばウィキペディアで下調べする。でもネットの情報って、間違いもすごく多い。それを鵜呑みにして「これはウィキに載ってたから」って、わざわざ聞かなかったりすると、その記事はだれかの間違いを拡大再生産するだけになってしまう。

それに、こっちが詳しいって思われないほうが、いろいろていねいに教えてくれたりすることって、けっこうある。ラッパーを取材するとして、ふつうの音楽メディアのインタビュアーは、自分も「ツウ」だとさりげなく示したいから、「今度のアルバムのコンセプトは」「ＤＪのチョイスにはどんな意味が」みたいな、内輪の話題に終始しがちになる。そのシーンに詳しければ読んでいても楽しいだろうけれど、詳しくなかったら話についていけない。

そこに、親子ほど年の離れたオッサンが来て「小学生のころはどんな子だったんですか？」とか、音楽誌ではありえない質問をされたとする。そうすると相手は「このひと、なんにも知らないんだな」と思って、いろいろ話してくれることがよくある。

自分がインタビューされていてよく経験するのは、ノートを広げて「聞きたいことリスト」みたいなのを見ながら、順番に質問するひと、多いでしょう。アンケートじゃないんだから（笑）。あらかじめ会話を想定していたら、想定外の話には発展しない。それで失敗はないだろうけれど、予想外の成功もない。

だれかをインタビューするときには、だから「こういう話ができたらいいな」と、ぼんやりイメージするくらいにしておいたほうがいいのかもしれない。準備をするというのは、結果を想定するのではなくて、下地を整えておくこと。インタビューされていて「ああ、このひとはこういう意図で、こういう記事に仕立てたいんだな」って見えた瞬間に、こっちも話していてつまらなくなるから。

けっきょく、インタビューにノウハウなんてない。会話というのは、おたがいの好奇心と経験値のぶつかりあいだから、なるべくいろんなことに興味を持って、なるべくたくさんの出会いを経験していくことのほかに、王道はない気がする。

第7章

出版の未来はどうなると思いますか？

活字離れってどこに?

いまいちばん活発な出版のかたちは自費出版本やZINEだろう。作ってるひとも、作りたいっていうひともいっぱいいて、どこが「若者の活字離れ」なんだよって思う。いまや中高年のほうが、かえって活字離れしてるのかもしれない。

自動車業界に「モーターショー」があるように、出版業界には本の見本市にあたる「ブックフェア」というものがある。日本でいちばん規模の大きいブックフェアは「東京国際ブックフェア」。日本書籍出版協会や日本雑誌協会などが主催して、2015年の出展数は470社、日本中の出版社がひととおり出展する。でも、回を重ねるごとにつまらなくなってきてるって、だれもが言う。来場者は約4万人あるそうだけれど、そのほとんどは関係者だったりして（笑）。

それと対照的なのが「東京アートブックフェア」。２００９年にスタートした、業界とは関係ないインディペンデントなイベントで、年ごとに盛り上がりが加速してる。最初のうちは神田の廃校を利用したアーツ千代田３３３１が会場だったのが、すぐに手狭になって、いまは京都造形芸術大学・東北芸術工科大学の外苑キャンパスに場所を移して開催されて、２０１４年のフェアも身動きとれないほど、終日混み合っていた。

アートブックフェアは国内外のアート系の出版社も出展してるけれど、メインは自費出版やZINEの、ようするに一般人の手作り本ブース。そっちのほうがぜんぜんおもしろい。出版社の本は書店やネットでも買えるけど、ZINEは会場でしか出会えないものがいっぱいあるし、それも作者から直接買えることが多いから。

そうやって会場で本と出会って、作者と出会うのは、僕にとってすごく重要な時間だ。いきなりメールやSNSで取材を申し込むより、そういう場所で出会って、売り買いしながら話して知り合うほうが、相手もずっと興味を持ってくれる。今回も名刺が足りなくなるくらいたくさんの出会いがあって、途中で現金が足りなくなってATMに走ったほど、たくさんの本を買い込めた。自転車で行って、カゴに入りきらなくて焦ったし（笑）。

会場の外で知り合いの写真雑誌の編集者にばったり会ったときに、「もう、がっくりきちゃいました。うちの読者は高齢の方ばかりで先細りも甚だしいのに、こんなにたくさん、若いひとが写真集を作ったり買ったりしてるんですから」って。写真業界の大きな雑誌って『アサヒカメラ』と『日本カメラ』の2誌だろうけれど、どちらも中心読者層は60〜70歳後半のはず。定期購読歴50年とかの強者がいっぱいいるから、新しい企画は当然やりにくい。そうなると編集部だって、春は桜、秋は紅葉、あと富士山みたいな特集とか、いまどきのデジタル時代に「銀塩フィルムよ、もういちど！」とか「夢のライカ」みたいな記事を、何度でもやらざるを得なくなる。

つまり、これだけ写真を撮る人間が増えているのに、写真雑誌や写真集が売れないのは、中身がつまらないということでしかない。いま、スマホで写真撮らないひとはいないでしょう。Facebookは日本だけで2千万人が利用していて、海外の月間アクティブユーザーは15億人とかだから。写真に特化したInstagram（インスタグラム）なんて、月間のアクティブユーザーが全世界で4億人以上。毎日8千万枚以上、毎月、億という数の画像がデジタル空間を飛び回っている。19世紀に始まった写真の歴史で、これほどたくさん写真が撮られている時代はないはずだ。

なにもアートブックにかぎらなくても、「出版大不況」のいっぽうで、コミケのようなイベントはあいかわらずすごい盛り上がりでしょう。僕も2〜3年にいちどくらいしか行けないけれど、あの自費出版エネルギーは昔からいままで、まったく衰えていない。いま手元にある数字だと、今年（2015年）8月の「夏コミ」の入場者数が、3日間で延べ55万人だから。最近は半分近くがBL（ボーイズラブ）系らしいけど（笑）。

早く行かないと売り切れてしまう本もあるから、早朝から並んで、素人が作った作品を必死で買い漁る。そういうひとが何十万人もいるということ。コミケは歴史が長いからイメージとして慣れちゃってるだろうけれど、これって、ほんとにすごいことだ。

コミケに行ったことのないひとは「オタクの祭りでしょ」くらいにしか

思ってないかもしれないが、ぜんぶのブースが漫画やアニメなわけじゃない。文芸コーナーもあるし、詩集や写真集や紀行文とか、いろんなジャンルがある。僕もずっと前から、手作り本でいちどは参加したいとひそかに思っていて。外国からの出展者やお客さんも年々増加の一途で、「東京国際ブックフェア」よりはるかに国際的でもある。

出展する漫画家やアニメ作家で、すでに商業誌は眼中になくて、コミケで自費出版の作品集を売って得た収入で生活してるひとも、もう珍しくない。商業漫画の業界では、雑誌の原稿料は労力のわりには大したことがなくて、単行本化されてナンボというケースが多い。それも『ONE PIECE』くらい売れればすごいけど。たとえば印税を定価の10％として（もっと低い場合もけっこうあるだろうが）、定価が1000円の漫画本だったら、1冊売れて作者の手元に入るのは100円。1000部売れて10万円。1万部売れても100万円。でも自費出版専門の印刷所で安く印刷製本して自分で売れば、経費を除いたすべてが自分のもの。印税100％とはいかないけれど、売上のかなりの割合が自分に入る。1冊1000円の自費出版作品集だったら、1000部売れて100万円。いま、印刷費はどんどん安くなってきているし。

それに商業誌の漫画は、画風からストーリーまで細かく編集者に口出しされるケースがよくあるけれど、自分でやれば完全に自由だから。「エロすぎてコンビニに置けないから書き直せ」なんて言われることもない。だから全国の書店に100万部配本する、なんてのは無理だけど、1000部とかそこらの本だったら、もう自分で作って自分で売ったほうが、ちゃんとお金になるし、精神的にも健全だったりする。

電子書籍だって同じこと。ぜんぶ自分で作ってAmazonとか、各種のオンライン販売サービスを使えば、売上の半分くらいは自分に返ってくるけれど、日本の出版社って電子なのに印税は15%とか言ってる会社がほとんどだから。紙代も印刷代もかからないはずなのに、わけがわからない。あれって出版社同士の、一種の談合なんじゃないかと疑ってしまう。

何年か前に「自炊」ブームがあったでしょう。あのときに「自炊代行反対」とか言って、訴訟まで起こした作家たちがいた。でも反対していたのは浅田次郎とか林真理子とか、ようするにベストセラー作家ばっかり。ちまちま自炊してるひとを取り締まらなくたって、充分売れてる印税長者なのに。

まったく同じことが、そのもう少し前に音楽配信であった。iTunesのようなサービスが出現したときに、コピープロテクトをかけない音楽配信に猛反対したのは、超メジャーなアーティストばかりだった。でも売れてないアーティストにとっては、少しでも多くのリスナーに自分の作品を知ってもらうことのほうが、はるかに大切だから。

けっきょくコピーに反対するのは、コピーを心配しなくていいほどの金持ち作家だけということ。だからネットも自炊も、自費出版販売システムも、新しく生まれる技術やメディアは、基本的に貧乏人の武器なんだと思う。金持ちは変化する必要ないんだから。

ど素人の乱

出版業界が一丸となって開催しているブックフェアよりも、東京アートブックフェアやコミケのようなインディペンデントなイベントが盛り上がりを見せているというのは、なにを示しているのだろう。それはようするに「ど素人の乱」だ。2001年に『珍日本紀行』の写真と文章と、大竹伸朗くんの絵をグラフィカルにリミックスした『ローカル』(アスペクト)という本を出したことがあって、そこに「どイナカの乱」というサブタイトルをつけたので、そこからこれを思いついたのだが。

「出版」という業界が成立したのはいつからかわからないが、とりあえずグーテンベルク以来、本というのは専門家が作るものだったはず。ちょっと作ってみたかったので印刷機買いました、なんて気軽にはできなかったし、作ったとしても配本・販売することができなかった。知り合いに手売りしてもわずかな数しか捌けないだろうし。そしてもちろん、印刷というのは大量に刷るからこそ安価になる技術だから。「限定100部」というような限定本は、言い方を変えれば本のかたちをした版画だともいえる。

それがいまのようにど素人が自費出版なりZINEなりで、好きなことを好きなように表現できて、好きなひとがそれを手に入れられる。そうなったのはデジタル・テクノロジーとインターネットがもたらした賜物で、20世紀末のメディア革命だと僕は勝手に思ってる。

雑誌で仕事を始めたころはパソコンどころかワープロもなくて、原稿はぜんぶ手書きだったし、写真はフィルムだったから、テキストを活字に組むのも、写真や図版を入れ込んでレイアウトするのも、それぞれが専門職の仕事だった。写植の会社、レイアウト担当のデザイナー。そのあとの印刷も、製本も、取次への納品も、書店での販売も。そういうふうにして上流から下流までの、専門職たちによる完成した流れは、日本の出版業界が長年かけて作り上げてきたシステムといえる。

それがいま、実感から言えば「一夜のうちに」と言ってしまっていいほど、劇的に変わってしまった。昔は悪筆の作家の原稿を読みとるプロの写植屋さんがいたほどなのに、いまではほとんど全員の執筆者が原稿をワープロソフトで書いて、デザインはDTPソフト。アップルやマイクロソフトやAdobeは販売する国や地域で性能が異なる、というようなことはないので、全世界同一のスタンダードだ。使いこなす習熟度に個人的な差はあるかもしれないが、たとえばフォトショップやイラストレーターやインデザインを、素人よりプロが使うほうが高い解像度でデザインできる、などということはないし、同じデジカメをプロが使うほうがきれいな画質になるわけでもない。さらに言えば高価なデザインソフトを買えなくても、実はワードやエクセルでもデザインはできるし、絵も描ける。各国の経済状態によってAdobeのソフトが安かったり高かったりすることはないけれど、途上国ほど海賊版ソフトが大量に出回っているので、実は入手もトレーニングもしやすかったりもする(笑)。

印刷も同じ状況だ。これまで素人が少部数の本を作るには、印刷と配本が大きなネックになってきたけれど、いまはオンデマンドの印刷会社も、自費出版の少部数本に特化した安価な印刷所も無数にあるし、さらに手作りを徹底したければ、リース切れの安い複合コピー機を買って1枚ずつプリントアウトして、製本だけ業者に頼んだっていい。簡易製本機でも、ホチキス留めでもいい。

最初に僕が自費出版に挑戦したのは、大竹伸朗くんの作品集『Shipyard works』で、1990年のことだった。それから何冊か一緒に作品集を作って、そのたびに原チャリに載せて東京の書店を回って、仕入れ担当者に会わせてもらって「こういうの作ったんですけど、置いてくれますか?」と頼んで回っていた。もう25年も前のことだから、ネットで売り買いなんて想像すらできなかった。

そういうときに「うちは取次を通さないと置けないから」って、けんもほろろの書店もあれば、「おもしろそうだから売ってあげる」と言ってくれる店もあった。店の大小は関係なかった。そこで書店のスピリットがわかったというと大げさだが、あのとき断られた書店はいまだに嫌いだから（笑）。置いてもらった本が売り切れると連絡をくれるので、また原チャリで運ぶ。そうすると書店員さんともじっくり話せるし。

それがいまや、販売委託できるウェブ・ショップはいくらでもあるし、自分でウェブサイトを立ち上げて決済機能をつけることだって簡単だし……こんな時代が、こんなに早くやってくるとは。でもまあ、店頭に直接商品を持ち込んで、店員さんとおしゃべりするほうがぜんぜん楽しい。だから「宅配便でいいですよ」というのを、いまだに自分で納品に行くこともけっこうある。納品されるほうは、忙しいのにいい迷惑かもしれないけれど。

日本だけでなく世界的にここまで自費出版が盛んになってきたのは、インターネットで本を売れるようになったことが最大の要因なのは間違いない。ネットが普及する前は、本を売る場所は書店しかなかった。個人が取次に行って、口座を開設して、書店に卸してもらうのは事実上不可能だったから、本を出すには出版社が必要だった。そして一般的には小さい出版社より大きい出版社のほうが取次に影響力があるし、たくさんの書店ともつながりがあるから、より多くの書店に本を置いてもらえる可能性が高かった。だから規模が大きくて潤沢な資金を持つ出版社のほうが、すべてにおいて優位だった。

インターネットが画期的だったのは、こういう「スケールメリット」をゼロにしてしまったことだ。本をどれだけ書店に売り込めるかは、出版社の規模や書店営業マンの数で差が出てしまう。世の中には最少人数で細々と良い本をつくる出版社もたくさんあるけれど、そのような出版社は営業の人数も足りないし、刷り部数も多くないから、全国の書店に配本したくてもできない。欲しいひとが書店に注文しても、いつ入荷するのかわからない。ネットは、業界内の経済的な力関係から生まれるそうした格差を、完全にチャラにした。

ウェブ書店だったら、大手だろうが中小だろうが個人だろうが、消費者に提示されるのは同じフォーマットの情報だ。どんな本であれ、基本的に平等な条件で新刊をリリースできる。無名の個人が作った本と大手出版社の本が、歴史上初めて同じ土俵に立てるようになったということ。講談社や新潮社の本をウェブで探したら、弱小出版社の本に比べて、いきなりディスプレーが百倍大きくなるわけじゃない。いきなり解像度が百倍高くなるわけじゃない。検索で何番目に出てくる、程度の差はあるかもしれないが、それだって話題になったら、中小出版社だろうが個人だろうが、どんどん検索結果の上位に入ってくる。音楽や映像とまったく同じだ。テイラー・スウィフトの新譜をYouTubeで聴いたら、インディーズのバンドより百倍でかい音で、百倍いい音で聞こえるわけじゃない。ネットの本質って、そこにあると僕は思う。

インターネットを活用するようになって、世界中から自費出版本を買う機会が増えたことも、自分にとって大きな変化かもしれない。かつて国内の洋書専門店に入荷しない本は、現地で買うしかなかったから、海外へ行くたびに本屋で長い時間を過ごして、帰りの飛行機で重量オーバーになっていたけれど、いまはAmazonや出版社、店舗の通信販売サイトもある。日本だけではなく、アメリカやヨーロッパのAmazonや大手書店チェーンの通販サイトもよく使うようになった。さらには作家自身のウェブサイトにPayPal

のような決済機能がついて、本人から直接購入したり、専用サイトから電子書籍としてデジタル・ダウンロードできるケースも増えてきた。Facebookでつながった未知の友人から、そうした情報が送られてくることもよくある。国内で発行されているリトルプレスを探すのと同じ感覚で、海外の出版物が簡単に手に入るようになったというのは、画期的としか言いようがない。

あと近ごろは、地方のブックカフェや雑貨店を覗くのも楽しい。地元の人間が作ったZINEなどは、そういう場所でしか出会えなかったりする。彼らは既存の書店ではなくて、そういう店で自分の作品を見せて、買ってもらいたいのだ。

自費出版というかたちで地元のカルチャーを、自分たちで発信できるようになったら、もう東京はいらない。自分の地元にいて、自分たちの足元を見て、興味があることを自分たちで本にして、自分たちで売ったり買ったりする。そこに東京の出版業界が入り込める余地は、もうない。「いま起こりつつあること」は、その場所にいなければけっして見つからないのだから。

自費出版、電子出版、ネット販売という新しい本のかたちと販路が生まれたことで、出版業界は大きな変わり目を迎えているはず。スケールメリットがスタートラインの差にならなかったら、あとは版元の有名無名ではなくて、本の内容で勝負するしかない。昔ながらの宣伝とか広告とか、メディアミックスとか（笑）、そういう手法の効果がどんどん薄れているのは、現場がいちばん実感しているだろう。「書店員が選ぶ本」が注目されるようになったのと同じで、「口コミ」ほど強力な宣伝はないのだし、いまや「口コミ」にはほんとの「口」以外に、Twitter や Facebook や LINE や Instagram や、いろんな「口」があるから。

だからいま現場にいる20～30代の編集者や出版関係者は、自分がとてつもなく重要な転換点に立ち会っていることを自覚すべきだ。ほとんどの出版社にとってはまだ、紙の本を作って、それを電子書籍化することが「新しい挑戦」という程度だろうが、もう一歩先の段階がきっとやってくる。それもまもなく。すでに音楽がそうなってきているように、最終的には本も「クラウド化」する時代がかならずくる。1冊ずつ本を買わなくても、たとえばウェブ図書館のように、月額使用料を支払えば読み放題のような。ケーブルテレビでドラマや映画を観ているひとたちは、その便利さがわかってるはず。電子雑誌や漫画などのジャンルでは、すでにそうしたサービスが日本でも始まっているし、僕もiPad用のアプリで2〜3種類使っている。そうなれば絶版、断裁という哀しい末路もなくなるし、けっきょく9割くらいの本はそうやって読めば事足りるのだ。

ごく一部の、愛玩物としてコレクションしておきたいものだけが、印刷として残っていく。そのほうがずっとエコだし、ある意味、健全でもある。書物の物体としての存在感は圧倒的だし、なくなってほしくないし、なくならないだろう。でもそれはアナログレコードやビデオカセットやDVDのように、メディアの片隅に残るだけで、マジョリティとして復活することはおそらく、もうない。

実は僕もいま、過去に出した書籍で長らく品切れになったままのものや、出版社が絶版にしたもの、増補改訂版を出したいものを、独自に電子書籍化するアイデアに取り組んでいる。紙の書籍とちがって「オールカラーだと高すぎる」とか、「ページ数が多すぎて製本が無理」とか、デジタルならまったく心配する必要がないから。高解像度の画像にすれば一冊のデータサイズは大きくなってしまうけれど、印刷本よりもはるかに美しく、ディテールまできっちり見せられるようになる。僕を含めた多くの写真家は、もはやフィルムをライトボックスに載せてルーペで見たり、暗室でプリントするよりも、デジタルカメラで撮影してモニターで画像を見るのが、すでにデフォルトになっている。そういう流れを考えたら写真を撮った側も、4色分解した画像をオフセットで紙に印刷したものよりも、自分が普段見ている画像と同じようにモニターで見てもらったほうがダイレクトに読者とつながれる、と感じはしないだろうか。

第8章

自分のメディアをウェブで始めた理由は？

やりたいからやるんじゃない

いま、僕の仕事の中心は２０１２年の正月に始めた有料メールマガジン『ROADSIDERS' weekly（ロードサイダーズ・ウィークリー）』だ。配信は月4回、毎週水曜日の朝5時に、１万字からときに2万字を超える記事と、200枚以上の写真や動画や音源がメールで届く仕組みで、アート、デザイン、音楽、写真から旅、映画、フード&ドリンクまで幅広いテーマを扱っている。

デザインや配信といった技術的な部分を友人のウェブ制作チームにお願いして、文章や写真、音声や動画などの素材はすべて自分で用意している。だいたい半分から3分の2は自分の写真と文章で、それに加えていろいろなひとに連載を依頼したぶんもあわせて素材を整えて、ウェブデザイナーに渡して、レイアウトができてきたら校正して配信……この流れを毎週繰り返す。

最初は100％自分で作った記事だけで構成していたけれど、しだいにアーティストやライターにも連載や単発の記事で参加してもらうようになって、これは最初から、ゆくゆくはそうしたかったことでもある。自分だけの「作品」をウェブ上に作りたいのではなくて、ようするに「ふつうの雑誌」をメルマガというかたちで作りたかったからだ。

この業界には写真家にしてもアーティストやライターにしても、すごくおもしろいものを作ったり、おもしろい現象を追っていたりしているのに、掲載できるメディアがまったくないことがよくある。いまある雑誌はほとんど現状維持が至上命題で、無名だったり、アマチュアだったりする人間の作ったものなど、載せようとすらしない。そういう状況は年々ひどくなるいっぽうで、彼らのはけ口というか、「ここならできる」という場所をなんとか作りたいという、切実な思いがあった。

自分の置かれた立場を見ても、これだけ長いキャリアを積んできて、業界内の付き合いもそれなりにあるのに、ここ数年書かせてもらえる雑誌がどんどんなくなっている。これまで4ページくれていた編集者が、2ページになって、そのうち雑誌がなくなって（笑）。自分で言うのも変な話だが、ベテランの僕ですらこうなのだから、若いフリー編集者やライター、イラストレーターやカメラマンたちは、みんなどうやって食ってるんだろうと、つくづく心配になる。これも自戒を込めて言うけど、上はいつまでたっても居座って席を譲らないし。

取材したいこと、書きたいことはいつもいくらでもある。若い編集者を説得しようと必死に企画を説明し、「おもしろいですね～」とか言われつつ、「上司が無理解で企画通りませんでした」と返してくるのはまだいいほうで、いつのまにか音信不通になることのほうが多かったりする。そういう不毛な説得工作がつくづくイヤになったのが、やはりここ数年のこと。それで行き着いたのが、「自分で雑誌をつくるしかない」という単純な結論だった。

何千万円かの資金が自分にあるのなら、もちろん印刷物としての雑誌を出したい。でも、それはとても手が届かない。街でフェラーリやランボルギーニに出会うたびに、「これ1台で雑誌が創刊できるのに！」って、いまも悔しい気持ちになるから（笑）。

だから最初からウェブマガジンしか考えていなかった。個人で、無理なく課金制で発信できるシステムを探しながら、まずはウェブの書き方に慣れようと思い、無料のブログを始めたのが2009年。『roadside diaries』という名前だった。いまでも消さずに残してあるから、読みたいひとは探してみてください。

印刷物とちがって、ウェブというメディアはパソコンだけで読まれるとはかぎらない。タブレットで読むひとも、スマホで読むひともいる。小さな画面で読まれることも多いから、文章も改行を多くしたほうが読みやすい、といった基本的な約束事から始まって、画像とテキストをどう組み合わせたら読みやすいか、「次につづく」で何度もクリックをさせないで、長い記事を読ませることはできないのかといった、さまざまなテストを繰り返しながら、トレーニングとしてブログを毎週書いていた。その期間が3年近くも続いたのは、会社組織ではなく個人で「毎月500円、1000円」といった少額の課金ができるシステムが、日本で整備されるのを待っていたのが最大の理由。それでようやく、2012年からスタートしたのが週刊メールマガジン

『ROADSIDERS' weekly』だった。いまとなっては2週間にいちどの隔週刊にしておけば、もっと楽だったろうとしみじみ後悔するけれど、もう遅い（笑）。

ウェブ記事でお金を得るには、サイト自体は無料にして広告をたくさん入れるやり方がまず考えられるし、課金制で記事を読んでもらうにしてもウェブサイト、ブログなどいくつかスタイルがある。最終的にメールマガジンというフォーマットを選んだのは、届いたらすぐに読んでもらえるから、というのがまずあった。

これがウェブサイトやブログだと「今週号が出ました」という更新のお知らせがメールで届いて、そこからリンクをクリックしてアクセスしないと見ることができない。そのワンクリックが、実は大きな壁になる気がしていた。そうではなくて、ふつうのメールの状態で読者に届いて、開けたらいきなりダーッと記事があらわれて、それですべてが読める。「次のページ」をクリックする必要もない。そういう長大な「絵巻物」スタイルのウェブ雑誌が作りたかった。だからメルマガのタイトルには、巻物を意味する「スクロール」というのも候補にあったくらい。

それにウェブサイトやブログだと、パソコン、タブレット、スマホ、どんなデバイスでも同じデザインを保つには、かなり面倒な作業が必要になってくる。ウェブサイトを見ていて、「スマホ用はこちら」といった表示を、よく見かけるでしょう。でもメールはちがう。読むデバイスによって字詰めなどの組みは変わってくるけれど、中身は一緒。しかも電子書籍のように専用のリーダー・アプリも必要ない。メールが読めれば、それでいい。そんなシンプルなものにしたかった。

デジタル時代のエディトリアル・デザインを考えていくと、将来はそういったフレキシブルなスタイルに変わっていく、というか変わらざるを得ないはず。だから電子書籍リーダーで、画面の端っこを触ると紙のページみたいにペラっとめくれるなんて、無駄としか思えない。そんなことのために専用アプリが必要になったり、データが重くなったりして、そうしてまでも紙の時代をシミュレートするなんて。たぶん、そうやって専用のアプリでしか読めないようにすることで、読者を囲い込むのが最大の目的かもしれないけど。

そしてもうひとつ、メールというのは書き手と読み手をいちばんダイレクトに結びつけるメディアだということもある。基本的にメールは「私信」だから、ブログサービスを提供する会社が「これは我が社の方針に反するので削除しました」なんてことを、比較的やりにくい。それでもグーグルとかアップルとかヤフーとか、無料のメールサービスを提供しているプロバイダーは、画像や単語から「エロ」を察知して勝手に迷惑メール扱いしたり、配信拒否することもあるけれど。まあそれでも内容の自由度は高い。

いまはいろんなメールマガジンがあって、いくつか購読してるひともいるだろうが、そのほとんどはテキストが主体だ。合間合間に数枚の画像が入ってるくらいで。

そういうのを作りたいのなら、なにも自分でゼロから立ち上げなくても、既存のメルマガ・サービスをすでに何社も提供しているので、それを利用すれば楽に自分のメルマガをスタートできる。自分は原稿を書いて送るだけで、あとは配信から集金までぜんぶ、代わりにやってくれる。

そうした既存のシステムを使うことも最初は考えたけれど、どうしても使える画像の数が足りない。10枚ではなくて、こっちは100枚載せたい！　でも、そんな野望を実現させてくれるメールマガジンのサービスは、世の中に存在しなかった。なのでけっきょく、自分たちでサーバーを借りて、ゼロから新しい配信システムを構築しなくてはならなかった。それは手間のかかる作業だったけれど、だからこそほかにないものができたということでもある。

メルマガにかぎらずブログやウェブサイトでも、少しでも長くなると「ボタンをクリックして次のページへ」みたいなことになる。あれ、いらつくのは僕だけだろうか。技術的に言えば、あんなふうに改ページする必要はまったくない。ああやってクリック数を稼ぐことで、アフィリエイト広告収入を増やすのが主な目的だったりするはず。ウェブデザインの教本が説く「読みやすいボリューム」なんかに、説得力はない。

紙の雑誌なり書籍なら「重さ」「厚さ」というボリューム感がある。ひと目で「どこまで読んだ」「あとどれくらい」とわかる。

電子メディアにはそういう直感的なボリューム感がない。ページ数や「読み終わるまであと何分」の表示が出るくらいで。

でも、『ROADSIDERS' weekly』は毎号、異常と言えるほどの長さで、しかも改ページのないデジタル絵巻物でもあるので、最初から最後までず〜っとスクロールして読みきれる。というか、よく言われるけれどスクロールしてもしても終わらない（笑）。最近はあまりに長すぎて、デバイスによっては表示されなくなってしまうので、やむなく前編・後編の2分割配信、ときに3分割配信もするようになっているが。

それで、スクロールすると画面の脇にスクロールバーが出る。読んでいくうちにスクロールバーのマークが、下のほうに動いていく。それがものすごく長いコンテンツ、大量のデータだと、いくら読んでもバーのマークが大して動かない。だから電子メディアにおいては、あのスクロールバーの動きが「ボリューム感」を示すという事実を、作ってるうちに発見した。読んでも読んでも「げ、まだこんなに残りがある！」って、スクロールバーを見れば感覚的に理解できる。だからこそ、記事を小分けにしてはダメということ。

メールマガジンであることの利点はほかにもいくつかあって、たとえば紙の雑誌だったら次の号が出たら、あとはもう古本を探すしかないけれど、メールだったら消去しないかぎり、いつでも読める。たとえ消去してしまっても、専用のウェブサイトを作ってあるので、購読者であれば過去の記事をそこですべて、無料で読める。もう600以上、記事はアーカイブされているし、ジャンル別に検索もできるので、すべての記事を読むにはそうとう時間かかるはず。雑誌のバックナンバーを何百冊も床に積んでおく必要も、切り取ってファイリングしておく必要もない。もともとメールなのでコピー・プロテクトはいっさいかけてないから（かけられないし）、気に入ったテキストや画像だけコピーペーストして、ほかの場所に取っておくことも、だれかに転送するのも簡単だ。

『ROADSIDERS' weekly』では最初から「コピペ上等！」を謳っていて、いかなるプロテクトもかけたくなかった。コピー・プロテクトのシステムを導入することで、経費がかなりかかることもあったし、なによりも自由度が失われることがイヤで、それがメールというフォーマットを選んだ理由のひとつでもある。

前に音楽配信におけるコピー・プロテクトの話をちょっとしたけれど、僕が作る記事はそもそも「作品」ではなくて「報道」だ。厳重なプロテクトで著者の権利を守ることよりも、むしろできるかぎり情報を拡散させて、ひとりでも多くの人間に知ってほしい（「著者」は自分なんだし）。そういうことを書いたり、写真に撮ったりするのが自分の役目だから。最近は展覧会や音楽ライブでも「個人用途なら撮影可」という場所が増えてきて、それは美術館や画廊の認識が新たになったというよりも、スマホでどんどん写真撮ってSNSに投稿して「この展覧会がおもしろい！」と情報を拡散してもらうほうが、どんな宣伝よりも集客効果があることを、主催者側がわかってきたからだろう。いまやどんなに厳重なプロテクトをかけても、たとえばモニターの画面ショットを撮られたり、カメラやビデオで撮影されたら無意味なのだし。デジタル時代の「プロテクト」というのは、本質的に後ろ向きの技術であるように、僕には思われてならない。

そうしてもっとも大切なことのひとつに、記事を届けるスピードがある。情報が生きているうちに、世に知らせること。これが雑誌だったら、どうがんばっても発売の数週間から1ヶ月前に締め切りが来るのだし、新聞ですら文化面は1週間以上前が締め切りだったりする。『ROADSIDERS' weekly』は水曜日の朝5時に配信するので、素材が月曜日に入手できれば余裕で掲載できるから。緊急なら火曜日の夜だって大丈夫！

そういうスピード感があるからこそ、たとえばおもしろい展覧会があるとして、まず実際に見に行って、会場の写真を撮ったり作家にインタビューして、それを記事にして、会期中に配信することができる。どんな美術雑誌だって、よほど長期の展覧会でもないかぎり、できることは事前の告知記事か、終了後の報告記事でしかない。豪華だったりファッショナブルだったりする雑誌の「モノとしての価値」はないけど、瞬発力はある。「所有」する喜びはないけれど、「報道」に必要なスピードがあるのは、こっちだから。

なのでもうすぐ60歳になる現在、毎週締め切りに追われて、どんな場所へもノートパソコンを持ち歩き、わずかな時間も惜しんで原稿を書く日々が続いている。20歳あたりで仕事を始めてほぼ40年後のいまが、確実にいちばん忙しい。もう徹夜なんてできる体力はないし、大変は大変だが、それはストレスとはちがう。

やりたいことがあって、それに向かってがんばるのはポジティブな苦労だから、そんなにつらくない。ストレスって、やりたくないのにやらなくちゃいけないという、こころの負担だから。

僕ぐらいの歳になると、出版社だったらだいたい役員とか編集長クラスになってるひとが多いはず。でも、編集長というのは肩書としては立派だけれど、現実にはいちばんつまらない職種だったりもする。

だって現場に行くのは部下や外部の人間だから、自分は会社で原稿を待ってるだけ。あとは営業とか広告主と会議したり。それが生きがいのひともいるだろうが、「取材がおもしろくて編集者になった」人間にしてみたら、そんなのつまらないに決まってる。自分の意のままに動かない部下に、いらない文句のひとつも言いたくなる。

編集者という仕事の醍醐味は、取材に行って、新しいもの、新しいひとを自分で見つけること。それ以外にない。だから自分の足で歩きながら新しいものを発見し続けたい。歩いていられるうちは、ずっと。そのために、いつも現場に出ていられるように、自分でメディアを作ったというだけのことなのだろう。

産直メディアとは

だれの人生にもいちどは「転機」がある、という説に従えば、僕の第一の転機は『TOKYO STYLE』を作ったときだろう。あそこでカメラを買って狭い部屋を撮り始めて、ふつうの暮らしのなかにある良さ、優れた部分が見えるようになってきた。それは雑誌で流行の最先端を追うのとはまったく別の視点だったから、視野を大きく広げてくれた。その次の、最近訪れた第二の転機がメールマガジンの発行だと思っている。

まず変わったのがお金の回り方。いままでは雑誌の原稿料や本の印税で生活していて、取材経費もその都度、出版社から支払われることがほとんどだった。それがメルマガを立ち上げてからは、どこかの会社が原稿料を払ってくれるのではなく、購読者が自分の原稿や写真を直接買ってくれる、というより「情報を買ってくれる」感覚になってきた。

『ROADSIDERS' weekly』は月に4回の配信で、購読料が月額1000円。購読者から集まってくる、そのお金で僕はみんなの代わりにどこかへ行って、だれかと会って、記事を作って、それを情報として購読者にメールで返していく。それをおもしろがってくれたら購読を続けてくれて、そのお金でまた別のところへ行く。「産地直送」というか、書き手と読み手のあいだになにも介在しない、直接的なメディアだ。だから僕にとってメルマガの購読者は、これまでの「読者」というより、「サポーター」「伴走者」という感覚だったりする。

SNSを通じて読者のリアルな反応が伝わるようになったことも大きい。記事が長すぎて読みきれない、エロい写真が多くて通勤電車で読めないから購読をやめた、2年間悩んだけどようやく購読を決めました、あの記事にあった展覧会見てきました！　といった生の声が毎日のように届く。紙の雑誌に書いていた時代には、その連載をまとめた本の売上を見ることでしか、自分の記事がどれくらい読者に響いているか知ることができなかった。いくら雑誌が売れても、それが自分の記事のおかげなのか、巻頭のヌードグラビアのおかげなのか（たぶんそうだが）、知りようがないから。

ということはつまり、売れないときの逃げ道がなくなった。紙媒体の時代だったら、雑誌が売れなくても自分の記事のせいじゃない、特集がダサいからだとか言い訳ができた。でもこれほど個人的なメディアになると、購読者が減ったらその原因は自分にある。自分にしかない。購読者数イコール売上だから、非常にシビアではあるけれど、読んでくれるひととの「一対一」感覚は、紙媒体の時代とは比べものにならない。いままで農協を介して野菜を販売していた農家が、産直を目指してネットや道端の屋台で直接、収穫物を売り始めるように、だれがどんなふうに読んでくれてるかがヒシヒシ伝わってきて、それがなによりのモチベーションになる。

おもしろかったら、どうおもしろかったかコメントしてくれるし、間違えていたらすぐに指摘される。どんなジャンルの話題でも、書き手より詳しい読み手というのがかならずいるものだが、メディアと読者の距離が遠いとそれが伝わらない。1ヶ月後に「読者感想ハガキ」が来ても、ピンとこないだろうが、メルマガなら配信の数時間後にはリアクションがFacebookやTwitterに上がってくる。

『ROADSIDERS' weekly』の購読者にも、僕よりいろんな場所に旅したり、いろんなことに精通してるひとはたくさんいる。でも、たいていの人間は日々の生活で忙しい。おもしろそうとは思っていても、「じゃあ明日行ってみよう」とはならないし、気になる人間がいても、あえて声をかけるまでにはいたらなかったりする。僕はそれを、購読料というお金をいただいて、みんなの代わりにやってるだけだ。

プロってそういうもんじゃないかと、最近つくづく思う。たとえば人間だれしも「なんのために生きるんだろう」「死ぬとどうなるんだろう」と気にはなる。でも毎日、そんなことばかり延々考えていたら、仕事にならない。そういうひとたちの代わりに、哲学者は一生かけて考えて、それを本にまとめたから買って読んでくださいね、ということになる。みんなの代わりに深く考えるひと、遠くまで行くひと、おいしさを突き詰めるひと……報酬というのはその労働の対価なんじゃないかと、僕はメルマガをやるようになってすごく感じるようになった。

記事を発表する場所が紙媒体からウェブになって、なにが変わったかを考えると、いちばん変わったのは「量の制限がなくなった」ことだろう。

雑誌に1ページの記事を書くとすると、文字量1500字とか、写真が3枚とか、まずボリュームを考える。決まったサイズのなかで、どうまとめるかが仕事ということになる。でもウェブなら、基本的に量の制限がない。

1500字でも1万5000字でも、それでページ数が増えて印刷費が余計にかかる、ということはない。「どうまとめるか」ではなくて、「どれだけ出せるか」が勝負ってことだ。しかも文字と写真だけでなく、音声や動画も入れ込める。これはずっと紙媒体で仕事してきた人間にとって、新鮮な刺激だった。

たとえば文章を書くときに、よく「起承転結」を考えろとか言われる。どういうふうに始めて、どういうふうに展開した上で結論づけて、どういうふうにひとつの文章として完成させるか、というようなこと。

それが小説なりエッセイなりの文章作品なら、「起承転結」がないのは辛いけれど、僕が書いているのは「報道」であって「作品」じゃない。文章の完成度もあったほうがいいけれど、それよりも中に込められた情報の質と量のほうが、ずっと大切だろう。それで僕はウェブで文章を書くようになって、それまでの「どうまとめるか」ではなくて、「見てきたこと、聞いてきたことをどれだけ正確に、漏れなく伝えられるか」を気にするようになった。

本だとフォーマットは雑誌なり単行本なり文庫本なりで決まっているけれど、ウェブだとパソコンだったりスマホだったり、読者によってフォーマットが種々様々ということも重要なちがいだ。画面が大きかったり小さかったり、それによって1行の文字数がちがったり。ダウンロードして読むのか、ストリーミングで見ていくのかでスピードもちがったり。そういうバラバラな環境にあって、ウェブの「適正な文章量」なんて基準が果たして存在するのか、よくはわからない。「ウェブにも読みやすい文字数があるのです」なんて言うひとがいるかもしれないけれど、そんなのだれにも決められない、と僕は思う。

文章の書き方だけではなくて、写真の撮り方も変わってきた気がする。これまで、たとえば2ページの記事を作るとすると、「メインが1点、それに説明カットが3点」などと考えるから、かぎられた枚数でなるべく多くを伝えられるように、つまりメインのカットになるべくたくさんの情報が写るように留意しつつ撮影することになる。

でもひとつの記事に4点じゃなくて100点、写真が使えるとしたらどうなるだろう。そこではもはや「どれがメイン」ではなくて、被写体をなるべくいろいろな角度から、いろいろな細部を見せていこう、その集積がひとつのイメージをつくりあげるようにしよう、となっていく。スマホのようなもともと小さい画面にも対応しなくてはならないから、誌面のデザインほど、ウェブのフォーマットでは画像の大小がつけられないのだし。決定的な写真を1枚撮ろうとするよりも、いろんな見え方を積み上げてひとつの全体を作ろうという、まあ立体派的な構成というか。

最近の自分の本は、もともとウェブ連載だったのをまとめたものがけっこうあって、たとえば『独居老人スタイル』は筑摩書房が運営するウェブマガジンの連載をまとめた本だし、『天国は水割りの味がする 東京スナック魅酒乱』は廣済堂出版が担当編集者をつけて、僕のブログで配信するという連載だった。どちらも、ものすごく長いインタビューが中心の記事で、もしもこれが紙の雑誌の連載だったら、まったく異なるものになっていたはずだ。

何時間もインタビューして、おもしろいお話をいくら聞けたとしても、文章量に制限がある紙媒体では、それを取捨選択して自分の文章にまとめるしかない。でも、ちょっとした話し方のクセとか、脱線したおしゃべりの内容とか、細部を積み重ねることによってしか表現できない、人間や場所のおもしろさってあると思う。自分の文章で「こういう興味深い生きざまのひとがいて……」と書いたら、単なる「ちょっといい話」になってしまうものが、会話や口調をそのまま再現することで、人間的な深みや場所の空気感を伝えられたりもする。それは同時に、「長すぎて簡単に読みにくい」ということにも直結するが。

それはウェブのみが持つ特徴であって、紙媒体とどっちがいい、悪いではないから、うまく使い分けていくしかない。自分のメルマガではなくて、頼まれた原稿だとそういう使い分け、書き分け、撮り分けを考えなくてはならないけれど、実際はなかなか難しかったりもする。

アクセス数という魔物

前にも言ったように、読者の「市場調査」なんて、いちどもしたことがない。『ROADSIDERS' weekly』を、「すべての記事を、すべての購読者が好きになってもらえるように」なんて思いながら作ってはいない。

どの雑誌でも、うしろのほうに読者のおたより紹介ページみたいなの、あるでしょう。あれはほんとうに気持ち悪い。ラジオ番組の「いつも楽しく聴いてます！　ラジオネーム「夜明けのコーヒー」さん」なんていうのと一緒で。

そもそも自分が褒められているのを読者に伝えるのって、恥ずかしいことだろう。それで『BRUTUS』を創刊するときには、読者ページをまるごとやめてしまったくらいで。雑誌の「おもしろかったです」はたいてい、プレゼントに応募してきた葉書だったりするし(笑)。

FacebookやTwitterで「おもしろかったです」と言われたら、それはうれしいけれど、だからといって「じゃあそういう記事をもっと増やそう」ということにはならない。読者アンケートなんて、もちろんやらない。

マスメディアはなにかとアンケートを取りたがるけれど、それは読者との距離感がリアルじゃないからだろう。アンケートというのはようするに平均値で、多数決だ。いちばん多い意見に基づいて、次の記事や番組が作られていく。でも、いちばん多いのはいつも、いちばんつまらないって決まっている。多数決で負けるひとのために、僕は記事を作っているのだから。

メルマガでは年にいちどくらい「オフ会」を開催していて、東京だけでなく大阪でもやったりして、熱心な購読者が遠方から参加してくれる。一緒に飲んでるだけですごく楽しいけれど、あるときひとりの読者から「Facebookに長いコメント書くヒマがあったら、記事をじっくりと読む時間に充てたい」と言われて、はっとしたことがある。

ウェブマーケティングの業界では、アクセス数や「いいね！」の数でサイトの成功、失敗が決められる。でも、それは経験から言って、まったく当たっていない。テレビにおける視聴率と同じで、それしか判断材料がないというだけのこと。

『ROADSIDERS' weekly』のFacebookページには毎週、こんな記事が配信されましたという、まあ「デジタル版の中吊り広告」みたいなお知らせを載せている。記事によっては100を超えるシェアがあるし、「いいね！」は数千から、ときに1万を軽く超えるほどなのに、コメントがどんどん書き込まれていく、ということはあまりない。

最初はそれがなぜかわからなかったし、当惑もした。編集後記には毎週のように「感想お待ちしています」と書いているのに、コメントがぜんぜん来ないから。でも、そのうちにわかってきた。FacebookやTwitterで積極的にリツイートしてくれるひとと、真剣な読者とはイコールではないんだな、と。

もちろん重なる部分もいっぱいある。でも、ほんとにじっくり読んでくれるひとは概して口数が少ないというか、黙って読んでくれていることが多いんだなって、最近になってようやく実感できてきた。「いつも読んでます！」って言われて、「購読してくれてるんですか、ありがとう」と答えたら、「いや、Facebookでいつも読んでます！」ってニコニコされること、よくあるし（笑）。展覧会やイベントのお知らせで「これは行かねば」とかリツイートしてるひとが、たいてい行かないのと一緒だね。だからアクセス数や「いいね！」の数でマーケティングを考えるのって、ほんとに勘違いだと思う。

知り合いのウェブ編集者に聞いたら、ウェブ記事では「最初のページでいかに読者を引きつけるか」が勝負らしい。大して長くもないのに数ページに小分けにされている記事をよく見かけるけれど、たいていの読者は1ページ目の内容で満足してしまって、2ページ以降をクリックするひとはぐっと減るという。だからライターは、1ページ目のテキストに特に気を遣って書いているらしい。

そう言われると、ウェブ配信の記事は最初からまとめっぽいというか、「起承転結」の「起」にすべてが詰まっていることが多い気がする。クリック数を稼ぐためにページを小分けにしたら、結果的に長い記事をじっくりと読んでもらえなくなったという悪循環。これでは本末転倒というか、表面的な「閲覧数」は増加しても、その数字に読者の満足度は反映されない。

だからウェブマガジンでもメールマガジンでも、記事がどれくらいクリックされるかを気にするよりも、最後まで読んでもらえるような記事を書くことだけを目指すしかない。走り続けていれば、数字に表れなくても、熱心な読者は黙ってついてきてくれるんだって信じて。ま、信じるしかないんだけど（笑）。

貧者の武器

『ROADSIDERS' weekly』でいろんなひとに定期・不定期の連載、単発のかたちで寄稿してもらっていることは前に話したけれど、そういう寄稿者がみんなプロの書き手やアーティストなわけではない。本業は工場労働者とか、飲み屋のマスターとか、いろんな人間がいる。趣味で写真を撮ったりブログを書いたことはあっても、依頼されて文章を書くのは初めて、というひとのほうが多いくらいかもしれない。

たとえば、長く続いている連載のひとつに『案山子X（カカシクス）』があって、これは全国各地（の田舎）の案山子祭りを巡り歩く、たいへんなフィールドワークなのだが、筆者のai7n（アイン）さんは、本業がウェブデザイナー、でもアルバイトで生計を立てつつ、ハードコアなエログロ漫画も描いている、という女の子。いつのころからか案山子が気になって仕方がなくなって、田舎を巡るのに原付の免許を取ってスーパーカブを買い、バイトで旅費が貯まると、荷物を満載して案山子祭りを探し走り回る生活を、もう何年も続けている。大阪をベースに、北海道から鹿児島まで！

同じくらい長い連載の『フィールドノオト』は、さまざまな場所の「音」を小さなレコーダーで録音して、写真と短い文章と組み合わせる、街場の音の記録というか、サウンドスケープ。写真や文を見ながら、音を味わってもらおうという、まさにウェブでないとできない企画だが、これを作っている畠中勝くんは新宿ゴールデン街で「ナイチンゲール」という怪しげなバーを経営してる、全身刺青男である。

アインちゃんも勝くんも、案山子やフィールドレコーディングはただの趣味で、これを仕事にしようとは思ってもいなかったはず。でも話を聞いていたらすごくおもしろくて、「まあ文章はこちらできれいに直せるし」くらいの気持ちで頼んでみたら、結果的にはまったく問題なし。もらったそのままを毎回、掲載させてもらっている。

ふたりとも文章はもちろん、写真や録音をきちんと学んだこともないまま、興味が高じて始めただけ。けっきょく技術の蓄積よりも、好奇心の強度のほうがはるかに大切ということだ。

ＳＮＳやブログ、ウェブサイト作成ツールが普及してきたおかげで、いまではだれも文章を書くこと、写真を撮ることを怖がらなくなった。質はともかく、プロじゃないと書けない文章とか、撮れない写真なんて、基本的にないのだから。

僕自身はフィルムの時代に写真を始めたので、勉強しなくてはならないことがずいぶん多かったことは話したけれど、デジタルはそういう「高い敷居」を一発で壊してしまった。とりあえずデジカメを買って、Ｐ（プログラム）にセットしておけば、だれだってある程度の写真は撮れてしまう。フォトショップのようなソフトを買えば、少しくらい撮影で失敗したって簡単にカバーできる。デザインも同じで、昔はグラフィックデザイナーになるのにいろんなことを学ばなくてはならなかったのが、いまはイラストレーターやインデザインが基本はぜんぶやってくれる。ま、すべてAdobe製なのが悔しくはあるけれど。

だからこそ、だれが作っても似てしまいがちな弊害も出てくるし、コンピュータのおかげで簡単に傑作が作れるようになったわけでもない。でも、入口の敷居はずっと低くなった。そのあとの奥が深いのは、昔もいまも変わらない。

技術の進歩とは、技術を学ぶ時間を短縮することで、表現のハードルをぐっと下げてくれることを意味する。これまでのように「何年間、だれだれ先生のもとで修業しました」ではなくて、センスと行動力だけの勝負になってきたということ。だからこそ、センスではなく経験値で生きてきたベテラン・プロは、これからますます辛くなっていく。

いつでもそうだがテクノロジーは、持たざる者にとっては力になるし、持つ者にとっては脅威になる。かつてプロとアマの差は、まず第一に「完成度」の高低にあった。できあがったものが「高度」なのか「稚拙」なのかという。それが、いまやある程度のクオリティは最初から保証されていて、その先にどう展開していくか、どうひっくり返していくかの勝負しかない。テクノロジーが「稚拙」というスタートラインを、一気に押し上げてしまったのだ。

極端な話、絵を描くのだって、これまでは油絵を描くにもそれなりの勉強、技術の習得が必要だったし、画材を購入する費用も必要だった。それがいまやスマートフォンやタブレットのお絵描きアプリですら、立派に油絵タッチ、水彩画タッチの絵は描ける。

ただ、「描ける」と「描く」がちがうように、その先が大変なのは、いまも昔も変わらない。だから表現っておもしろいのだろう。ひとにできないものを生み出す困難さはいつでも一緒、でもスタートラインに立つのは昔よりずっと簡単になった。これはものすごく大きいことだと思う。それは同時に、みんなとちがうスタートラインに立つことや、テクノロジーを使いこなすのではなく、捨てていくのが困難になっていくことも意味するのだが。デジカメの進歩や便利な画像補正ソフトのおかげで、汚い写真を撮るのがかえって大変になったり、入力変換が進歩したおかげで素人の文章ほど難しい漢字がたくさん使われていたり、というふうに。

そういう時代にあっても、「プロはアマチュアのできないことをやらなきゃならない」のだけれど、僕は自分が編集の、写真のプロとしてどう「アマチュアにできないこと」をできるのか、正直言ってわからない。自信もない。いまできるのは「アマチュアにできないこと」ではなくて、「アマチュアにできない量」しかない。ほんとうに、それだけだ。

むすびにかえて――「流行」のない時代に

数年前から日本のヒップホップの取材を続けていて、夜中の2時、3時のライブハウスが超満員だったりして、そのエネルギーになによりびっくりしたのは、ひと握りのマニアだけではなくて、これだけ多くの人間の支持を受けてるんだという現実だった。

でも、そういう音楽はオリコン・チャートには絶対に入ってこない。売上ベスト10はずっとAKB48とEXILEとジャニーズばかりだし。テレビの音楽番組にもけっして登場しない。業界が聞かせたい、買わせたい音楽と、僕らが欲しい音楽がもう、決定的にずれてしまっている現実を、そのとき深く実感した。

それは音楽業界にかぎったことではなくて、美術でも建築でもファッションでもまったく同じだと思うし、メディアの担い手である編集者のなかにも、そのズレに苦しんでいるひとは少なくないはずだ。

一緒に飲んでいて、たとえば「安藤忠雄も終わったよね」なんて言ってる建築雑誌の編集者が、じゃあ自分の雑誌で『さよなら安藤忠雄特集』をやるかといえば、それは絶対にしない。ハイファッションなんて買えもしない編集者が、誌面では「上質なものと暮らす喜び」なんて記事を作っている。そうやって自分を偽って、それで年収1億円とかならいいけれど、たいていの編集部はつねに薄給&超長時間労働だ。時給に換算したら、コンビニでバイトしてるほうがいいくらいだったりする。

いい服が好きなのは、なにもおかしなことじゃない。どうしても欲しいジャケットがあって、思いきって買ったとする。たいていはそのジャケットに、いつも穿いているユニクロのジーンズを合わせるとか、お気に入りのTシャツを合わせるとかするはず。そういうコーディネーションを考えるのが、お洒落の醍醐味でもあるから。

でも、いまのファッション雑誌のほとんどは、そういう着こなしを載せない。ひとつの記事、ひとつのページの写真に出てくるコーディネートは、上から下までぜんぶ、ひとつのブランドで統一されてるのがお約束だ。いつのころからそうなったのかはわからないけれど、強力なブランドの意向と編集側の自主規制があいまって、そういう事態になってしまってから、もうずいぶん経つ。それはもはやコーディネートではない。カタログや、お店のショーウィンドウと一緒だ。スタイリストは独自のコーディネートを考えるひとではなくて、ブランドと雑誌をつなぐ係。それが、ファッション雑誌の役割が終わった瞬間だったのかもしれない。単にフロアを区切ってブランドに貸す不動産屋のようになって、デパートのファッション・フロアの使命が終わったのと同様に。

「今シーズンのパリコレのトレンドは？」とか、「今年の流行色は？」とか気にしている人間は、まだいるのだろうか。ごく一部の評論家以外に。新しい服もあるし、古い服もある。高い服も、安い服もある。いろんな時代感覚の、いろんなレベルの服をあわせて、つまり自分なりにリミックスして着るのが、いまのお洒落の基本的な感覚だろう。今シーズンの、このデザイナーの、これくらいの値段の服！　という気合いが見え見えの着こなしって、だれが見ても痛々しい。「流行なんて特に気にしてません」という雰囲気を醸し出すほうが、かえってオシャレに見えたりする。

音楽のことを考えてみてほしい。昔はその時代、その世代に流行があった。パンクとか、ニューロマンティックとか、テクノとか。「それ聴いてないとダサい」という流行の音楽ジャンルが。

でも、いまの音楽シーンにそれほど決定的な流行って、ひとつもない。むしろノイズから歌謡曲まで、なるべく幅広い音楽を自分流に混ぜ合わせて聴いているほうが、はるかに音楽好きとされている。

現代美術だって同じことだ。もの派があって、ニューペインティングがあって、シミュレーショニズムがあって……で、いま「なにイズム」がトレンディだか、知ってますか？　そんなの、ないから。

この時代を決定づけるのはなにかというと、それは僕らがすでに「トレンドのない時代」に突入しているのではないかということ。たぶん、現代史上で初めて。

かつては情報格差というものがあった。ふつうのひとには手に入れられない最新情報を、パリコレやニューヨークのクラブや、ロンドンの美術館で入手できる専門家がいて、それを一般人に広めることで「専門家」という商売が成り立ってきた。パリコレのトレンドが東京のメーカーに吸収されるまでに1年、東京から地方の店に広まるまでまた1年、そんなタイムラグが長いあいだ存在していたおかげで。

インターネットがすべてを変えてしまった。アーティストとリスナーがSNSで直接つながれて、世界のどこでも同時に画像や動画や音源が共有でき、参加もできて。ワンクリックで日本中どこにでもAmazonの箱が届いて。そこにはもはや「東京」と「地方」のタイムラグも、「専門家」と「一般人」のタイムラグも存在しない。

そういう時代に僕らはもう、メディアにトレンドを教えてもらう必要はない。メディアが特権的に情報を収集して、「流行」として発信できる時代がとっくに終わってしまっていることを、既存のメディアの人間がいちばんわかっていないのかもしれない。

いちばん大切なことに、いちばん目をつぶろうとするテレビ局。エコとか言いながら、いまだに何百万部という印刷部数を競う大新聞。意地悪の黒い塊のような週刊誌……トレンディだったはずのメディアが、いちばんトレンドから遅れてしまっている皮肉な現実。

これまで40年近く編集者として生きてきて、物理的にはいまがいちばん大変な時期ではあるけれど、編集という仕事のおもしろさから言えば、いまがいちばんスリリングな時期でもある。もうすぐ60歳になるというタイミングで、ぎりぎりそのスリルに間に合ったことが、僕にはすごくうれしい。

文庫版へのあとがき

これまでいろいろ役に立たない本を書いてきたけれど、そのなかでもいちばん実用からほど遠い『圏外編集者』が、なぜか韓国版と中国版になり、単行本から7年経って今度は文庫版になるという展開に、やや啞然としないでもない（外国語版や文庫にしてほしい本、ほかにもっとあるのに、笑）。

単行本の最後のほうでメールマガジン「ROADSIDERS' weekly（ロードサイダーズ・ウィークリー）」について触れた箇所を読み直してみた。その当時はメルマガ刊行スタートから3年ほど経ち「記事数600以上」だったが、そのメルマガはいま刊行から11年目となり、もうすぐ500号目。記事数はすでに2000を超えて、息も絶え絶えながら毎週発行を厳守している。来年の予定どころか、来週の記事のことしか考えられない日々がもう10年以上続き、自分でも予想外の長距離走となっている。いつになったらゴールが見えるのか。

単行本でちょっとだけ触れた自主制作電子書籍は、メルマガのスピンオフ企画「ROADSIDE LIBRARY（ロードサイド・ライブラリー）」として2015年に1巻目の「秘宝館」をリリース、そのあと「LOVE HOTEL」「おんなのアルバム　キャバレー・ベラミの踊り子たち」「TOKYO STYLE」「渋谷残酷劇場」「BED SIDE MUSIC——めくるめくお色気レコジャケ宇宙」と、これまで6巻を出版できた。それぞれのボリュームを記しておくと、

vol.01　秘宝館：全777ページ（1・8GB）
vol.02　LOVE HOTEL：全483ページ（1GB）
vol.03　おんなのアルバム　キャバレー・ベラミの踊り子たち：全1409ページ（2・0GB＋動画3本付き）
vol.04　TOKYO STYLE：全812ページ（585MB）
vol.05　渋谷残酷劇場：全289ページ（833MB＋動画3本付き）
vol.06　BED SIDE MUSIC——めくるめくお色気レコジャケ宇宙：全2759ページ（3・65GB＋サンプル音源5曲付き）

それぞれ1ギガバイトから4ギガバイト近くのビッグデータ（笑）であり、これはKindleなどで読む通常の電子書籍の1000倍以上のサイズになる。データはすべてPDFで、あえてコピープロテクトもかけていない。

書籍といっても実際はひとつの巨大なPDFファイルなので、気に入ったページを切り離してスクラップすることも、友だちに転送して見せてあげることも、そしてなによりそれぞれの画像が高解像度なので画面を拡大して見ることが可能。たとえば「TOKYO STYLE」だったら、どんどん画像の中に入っていって、本棚に並ぶ本の背表紙や、テーブルの上にあるカセットテープの手書き曲目リストも読み取ることができる。そんなズームアップの楽しみは印刷本ではぜったいに味わえないし、ページ数の制限から解放されたことも大きい。6巻目の「BED SIDE MUSIC――めくるめくお色気レコジャケ宇宙」なんて、全2759ページ（それもぜんぶセクシーなレコードジャケットの写真！）。そんなボリュームの本なんて、つくらせてくれる出版社は世界中探したって見つからないだろう。

電子書籍に関しては「ROADSIDERS' weekly」の専用サイトに詳しく載っているので、興味を惹かれたかたは見ていただきたいが、印刷本のほうも

『圏外編集者』単行本以降、3冊の新刊を刊行することができた。

2017年に刊行した『捨てられないTシャツ』（筑摩書房）は、メルマガで2015年から16年にかけて連載した記事をまとめたもの。題名どおり、もう着ないことはわかっているのに、いろんな記憶が染みついて捨てることができないTシャツを、その思い出とともに紹介してもらう企画。毎週の連載で紹介した69枚、それにスペシャル・ボーナストラックとしてもう1枚、計70枚のTシャツの写真と、70とおりの物語を収めている。文章のほとんどはTシャツの持ち主が書いたそのままか、インタビューをまとめただけなので、僕の仕事は多少文章を整えること、あとは借りたTシャツにアイロンをかけて撮影することだけ。それまで発表した書籍のうち「もっとも自分で書いてない本」でもあった。

そして2021年1月には『捨てられないTシャツ』のセカンドフェイズとも言うべき『Neverland Diner　二度と行けないあの店で』（ケンエレブックス）と『IDOL STYLE』（双葉社）の2冊がほぼ同日に発売されるという、珍しいこともあった。

『IDOL STYLE』は『EX大衆』というアイドル雑誌に声をかけられて、2014年から5年近く続けてきた連載を写真集にまとめたもの。2ページの連載で、片側にアイドルちゃんを自宅の部屋で（つまり普段着で）撮影し、その対向ページに彼女のファン（トップヲタ）をやはり部屋で撮影、対比というかペアで見せる珍しい企画。全部で約50組、100人あまりのアイドルとヲタの部屋を撮影し、話を聞くことができたのは専門誌の連載だからこそで、ほんとうに幸運だった。

『Neverland Diner　二度と行けないあの店で』をセカンドフェイズと書いたのは、こちらも『捨てられないTシャツ』の続編としてメルマガで2年半あまり連載した、100人に書いてもらった100軒の「二度と行けない店」をまとめたものだから。なので両方とも僕は著者ではなく「編者」とクレジットしてもらっている。

『二度と行けないあの店で』という題名どおり、これは「大好きだったのになくなってしまった店」「酔っ払って連れていかれたので、あとから探しても見つからない店」「大騒ぎしすぎて恥ずかしくて再訪できない店」……いろんな理由で二度と行けない料理店や飲み屋を、100人のひとたちに思い出して書いてもらったコレクション。なので、ちまたにあふれるグルメガイド本のなかで、もっとも役に立たない一冊でもある。いくら興味をそそられても、一軒も行けないという……。『捨てられないTシャツ』に続く「みんなの記憶」掘り起こし共有プロジェクトだった。

そして、ここからが本題なのだが、『捨てられないTシャツ』を出したとき「うちにもある！」「どうして声かけてくれなかったの！」という反応をたくさんもらって、考えたのがInstagramの活用。「うちにもある！」というひとたちに、そのTシャツをスマホで撮影して、思い出も書いてもらい、「#捨てられないTシャツ」というハッシュタグをつけてインスタに投稿してくださいと呼びかけた。いちいちウェブサイトとか作らなくても「#捨てられないTシャツ」で検索すれば、インスタ上でみんなのTシャツ・ストーリーを、だれもが読むことができるし、インスタの「#捨てられないTシャツ」というアカウント自体が、一冊の拡大し続ける無料の電子書籍、オンライン上の展覧会になるから。

刊行から数カ月で100枚以上のTシャツ・ストーリーがアップされて、それを読むのがすごく楽しい経験だったので、ネバダイでも同じことをけた。

「＃二度と行けないあの店で」で始めてしばらくたったころ、長野県上田市の小さな書店「本屋未満」（現・NABO）から刊行記念トークのお誘いを受けた。

トークイベントに際して、彼らは「二度と行けない（上田の）あの店で」という40ページほどの冊子を作って待っていてくれた。「上田のネバダイ」は本屋未満のスタッフや常連さんたち7人の「二度と行けない上田の店」の思い出を書いてくれた文集で、もちろん一軒も知らない店ばかりだったけれど、元のネバダイと同じようにどの思い出も魅力的で、くすくすしたりしんみりしたり、すっかり引き込まれてしまった。

イベントのあとで出版社の担当編集者と「こういうの、日本中でできたら最高じゃない？」と話が盛り上がり、それからいくつかの書店に声をかけてみた結果、1年ほどのうちに「広島編」「名古屋編」「松山編」「大阪編」「高崎編」「京都編」「下北沢編」「神戸編」「台湾編」のローカル・ネバダイが完成。まだまだ増えていく予定だ。

広島編は蔦屋書店・広島店の熱心な書店員さんがまとめ役になってくれたが、あとはみんなそれぞれの街の小さな書店。たったひとりか、夫婦や家族だけで運営している。そういう店主が編集者で、友人やお客さんたちが寄稿者。最初の上田編以外は出版社であらかじめフォーマットをつくっておいたので、すべて同じ体裁で揃っている。

少しずつ増えていくローカル・ネバダイはどれもすごくおもしろくて、記憶の貴さに「都会vs田舎」とか「金持ちvs貧乏」とか、そういうのはいっさい関係ないんだなとあらためて思わされる。元のネバダイと同じく、どれもほとんどの参加者が文章のプロではなく、「本になるような文章を書くのは生まれて初めて」のひとたち。SNSの時代にみんなの文章力（と写真の撮影力）がどれほど向上しているかも実感させられた。

雑誌の編集部時代から数えればもう40年以上。これまでずいぶんたくさんの本をつくってきたけれど、かっこいい完成品としての作品集をつくりたい気持ちはもうすっかり失せてしまった気がする。それよりも、こういうふうに「なにかのきっかけ」になる触媒のような本ができるほうが、ずっとうれしい。閉じた作品ではなく、開かれた場所としての本が。できた本がたくさん売れたらそれはありがたいけれど、こんなふうにバリエーションが広がっていくことのほうがはるかにやりがいがある。

そしてもうひとつ、今回のローカル・ネバダイを見ていて思ったのは、これまでの出版ビジネスの外側で、こんなことができる新しいスタイルの書店がほんとに増えてるんだな〜という実感だった。

地方出張するたびに、どの街でも書店が気になって探してみる。そこで知りあってイベントに呼んでもらうこともたくさんある。ローカル・ネバダイの引き受け手たちのように、本を売って、カフェやギャラリーも併設して、グッズも作って、という小さな店が、ここ数年で日本各地に驚くほど増えているのを、東京の出版業界人はわかっているだろうか。

いま東京都心で本屋を開きたい！　と思ったら、たぶん数千万円の資金が必要だろうが、地方都市だったらその5分の1、10分の1の予算で店が開ける。なにしろ日本の家屋の15％近くは空き家なのだし、どこもシャッター商店街だらけ。僕が出会った多くの店も、月家賃は10万円以下だった。

家賃が安ければ、売りたくないベストセラーを並べる必要もない。なので取次から配本を受ける必要もない。好きな本を出している出版社と直接取引すればいいいし（そういう書店が並べたいのは、そういうリクエストに応じてくれる出版社だったりする)、これまでほぼ御法度だった新刊本と古書を並べて売ることだって簡単にできる。こうしたことぜんぶが、ほんの少し前までの「出版社↓取次↓書店↓返本」という堅固な(と思われていた)システムでは不可能だったことを考えたら、ここ数年の変化は驚くべきペースと言うほかない。

こうした変化の根底にはインターネットと宅配便などの物流システムによる、一種の文化革命――つまり都市と地方の文化格差、タイムラグの解消がある。

ひと昔前までは、東京の流行が日本の隅々に行きわたるまでには数カ月から1年という時間がかかることが珍しくなかったけれど、いまや日本どころか世界中どこでも一緒。ファッション業界を見ればわかるように、パリのヴィトンでも水戸のヴィトンでも売ってるバッグは一緒だし、オンラインショッピングなら日本中ほぼどこでも翌日には商品が到着。テレビの民放は地方のほうがチャンネルは少ないけれど、すでにテレビは影響力を失っていて、むしろNetflixなどの熱心な視聴者は地方のほうが多い気もする。

こんなふうに本をめぐる新しい取り組みが地方に増えているのは、なにも地方が活性化しているからではなくて、家賃がそんなに安いくらい活性化してないから、という側面があることも忘れてはならない。「いま地方がおもしろい！」みたいな安易な雑誌の特集にすらなりようがない悲惨な現状のなかで、がんばってるひとたちが増えているということである。

とはいえ、長引く新型コロナウィルスは単なる流行病にとどまらず、この国を静かに、大きく変えていきそうな気がする。なかでも重要なのが、コロナ禍（と2021年のオリンピック）によって東京の優位性が低下したというか、東京人のプライドがへし折られたという事実だろう。

これまで経済も文化も東京に一極集中だったのが、これからゆっくりと、しかし確実に平らになっていくのは間違いないはず。東京が「ただの大都市」に成り下がる時代を、元気なうちに目撃できたらうれしい。

2022年4月

口絵・本文レイアウト
佐藤亜沙美（サトウサンカイ）

写真
田中由起子

都築響一（口絵 p.28-32、本文 p.17、p.56）

協力
平野麻美（朝日出版社）

本書は二〇一五年十二月に朝日出版社より刊行されました。

ちくま文庫

圏外編集者（けんがいへんしゅうしゃ）

二〇二二年五月十日　第一刷発行

著　者　都築響一（つづき・きょういち）

発行者　喜入冬子

発行所　株式会社　筑摩書房

東京都台東区蔵前二―五―三　〒一一一―八七五五

電話番号　〇三―五六八七―二六〇一（代表）

装幀者　安野光雅

印刷所　凸版印刷株式会社

製本所　凸版印刷株式会社

ISBN978-4-480-43819-5　C0195